LA NOUVELLE LÉGISLATION DES MACHINES A VAPEUR

DÉCRET DU 30 AVRIL 1880

LOI DU 21 JUILLET 1856 SUR LES CONTRAVENTIONS

PRÉCÉDÉS

D'UN COMMENTAIRE

PAR

T. CORET

GARDE-MINES, ATTACHÉ AU SOUS-ARRONDISSEMENT MINÉRALOGIQUE D'ARRAS & AU CONTROLE DES CHEMINS DE FER DU NORD.

EN VENTE :

Chez L'AUTEUR, à ARRAS.

E. BRADIER, Libraire-Editeur, rue Saint-Aubert, 50, ARRAS.

1880

LA
NOUVELLE LÉGISLATION
DES
MACHINES A VAPEUR

LA

NOUVELLE LÉGISLATION

DES

MACHINES A VAPEUR

DÉCRET DU 30 AVRIL 1880

LOI DU 21 JUILLET 1856 SUR LES CONTRAVENTIONS

PRÉCÉDÉS

D'UN COMMENTAIRE

PAR

T. CORET

GARDE-MINES, ATTACHÉ AU SOUS-ARRONDISSEMENT MINÉRALOGIQUE D'ARRAS & AU CONTROLE DES CHEMINS DE FER DU NORD.

EN VENTE :

Chez L'AUTEUR, à ARRAS.

E. BRADIER, Libraire-Editeur, *rue Saint-Aubert, 50,* ARRAS.

1880

AVANT-PROPOS.

La législation des machines à vapeur a subi de nombreuses variations depuis que l'on se sert de ces appareils.

A l'origine, alors que les chaudières à vapeur étaient peu employées, et par conséquent peu connues, on les considérait comme très-dangereuses. Plus tard, de 1810 à 1843, bien que leur nombre fût en progression sensible, elles étaient encore regardées comme incommodes et classées, pour cette raison, dans les *Etablissements insalubres et incommodes*.

En 1843, parut un nouveau réglement : Il modifiait notablement la classification des chaudières, et les réglementait d'une manière constituant déjà un progrès remarquable sur les anciens réglements.

Puis l'accroissement considérable des machines

à vapeur que l'on trouve dans les plus petites industries, et même chez les agriculteurs, ainsi que le plus grand nombre d'ouvriers expérimentés dans leur direction avaient conduit l'administration supérieure à le modifier.

Une commission fut dès lors instituée ; elle élabora un nouveau réglement qui fut soumis au Conseil d'Etat et promulgué, sous forme de décret, le 25 Janvier 1865.

Dans ce décret, une partie de la tutelle administrative fut supprimée. Son but était de donner à l'industrie une liberté plus grande, en abolissant toutes les entraves qui existaient alors, sans pour cela, compromettre en rien la sécurité publique. Mais ce décret ne pouvait être définitif: il appartenait à l'expérience seule de décider si les libertés accordées étaient trop restreintes encore, ou s'il y avait lieu de revenir à une partie des mesures abandonnées.

L'enquête ouverte à ce sujet, à partir de **1876**, fit reconnaître, qu'en voulant être trop libéral, le législateur avait laissé en dehors de la réglementation quelques appareils qui occasionnent souvent des accidents, et qu'en outre, il était utile d'introduire certaines modifications de détail dans e texte du réglement. C'est pour réparer ces lacunes qu'un nouveau décret fut promulgué, à la date du 30 avril 1880.

Ce décret consacre de plus l'existence des associations de propriétaires d'appareils à vapeur, en donnant aux ingénieurs de celles qui sont reconnues d'utilité publique, certains pouvoirs qui n'existaient pas auparavant.

J'ai pensé, qu'en raison des diverses modifications ainsi apportées à la législation des machines à vapeur, il convenait de chercher à en vulgariser la connaissance.

C'est pourquoi je publie ci-après, et avec l'autorisation de M. le Ministre des Travaux publics, le nouveau décret réglementaire du 30 avril 1880 et la loi du 21 juillet 1856 sur les contraventions, en les faisant précéder d'explications, qui, je le crois, contribueront à indiquer aux constructeurs et aux industriels, les devoirs qui incombent à chacun d'eux.

C'est à ce titre que je présente ce travail ; j'espère qu'il sera bien accueilli.

LA NOUVELLE LÉGISLATION

DES

MACHINES A VAPEUR

1. **Généralités.** — Toutes les chaudières établies sur terre et les récipients de vapeur, d'une capacité supérieure à 100 litres, sont soumis au décret réglementaire du 30 avril 1880.

CHAPITRE PREMIER.

FABRICATION ET USAGE DES APPAREILS A VAPEUR.

1° CONSTRUCTEURS. — MARCHANDS DE MÉTAUX.

2. **Épreuves des chaudières neuves.** — Les chaudières neuves ne peuvent sortir des ateliers du

constructeur sans qu'elles aient été essayées conformément au titre Ier, article 2, du décret du 30 avril 1880 (1) et au titre Ier de la loi du 21 juillet 1856 (2).

Il peut arriver que, par suite du grand volume d'un générateur, les différentes pièces ne puissent pas être expédiées toutes ajustées. Dans ce cas spécial, le constructeur n'est pas dispensé d'en faire l'essai dans ses ateliers.

Cet essai peut avoir lieu de deux manières : ou sur toutes les pièces ajustées, que l'on démonte ensuite pour être expédiées, ou séparément sur chacune d'elles.

Dans le premier cas, lorsque les pièces sont ajustées, il n'y a plus nécessité de faire à nouveau l'épreuve chez l'industriel, si le démontage, pour l'expédition, a pu se faire sans dérivures importantes ; mais il n'en est pas de même, si ce démontage des parties constitutives du générateur, a nécessité des travaux d'une certaine importance ayant, pour ainsi dire, le caractère d'une réparation. Il y a lieu de faire alors à nouveau l'essai réglementaire, dès que toutes les pièces ont été ajustées sur les lieux. Cette épreuve doit être demandée par l'industriel.

L'épreuve est également obligatoire pour l'industriel, sur les lieux mêmes d'emploi du générateur,

(1) Voir annexe page 63.

(2) Voir annexe page 81.

lorsque les différentes parties qui le composent n'ont été essayées que séparément, aux ateliers de construction, à moins que leur réunion n'ait lieu que par des tuyaux placés sur tout leur parcours en dehors du foyer et des conduites de flammes et dont les joints peuvent être facilement démontés.

3. **Épreuves par suite de réparations.** — Les réparations sont faites de deux manières, ou chez le constructeur, ou chez l'industriel.

Dans le premier cas, c'est-à-dire quand la réparation est faite dans les ateliers du constructeur, ce dernier est tenu de demander lui-même qu'il soit procédé à l'épreuve réglementaire.

Dans le second cas, c'est-à-dire quand la réparation est faite chez l'industriel, c'est à lui qu'il appartient d'en informer l'ingénieur des mines, en spécifiant le genre de réparations subies par la chaudière. L'ingénieur des mines juge alors si les réparations sont notables et, par suite, s'il y a lieu à essai.

La contravention qui résulterait pour le constructeur de la livraison, sans épreuve d'un générateur réparé, serait réprimée conformément au paragraphe 2e de l'article 1er de la loi du 21 juillet 1856.

4. **Qualité et épaisseur des métaux.** — Les métaux employés dans la construction des générateurs doivent être de bonne qualité. Le constructeur, à qui le décret du 30 avril 1880 a laissé toute latitude quant à l'épaisseur du métal à employer, agira sagement en

ne pas la réduisant outre mesure; car par suite des tensions et des dilatations inégales que les générateurs éprouvent au cours de leur durée, il peut se produire des ruptures dont les conséquences sont souvent des plus regrettables ; et, en ce cas, si l'insuffisance d'épaisseur du métal employé, ou un défaut de construction ne constituant pas de vice apparent, étaient reconnus, leur responsabilité serait gravement engagée. Je leur conseille donc de ne pas se servir de métal trop mince, ni de s'écarter sensiblement des épaisseurs qui étaient prévues par l'ancien réglement de 1843 (1). Ces épaisseurs ne concernent que la tôle de fer. Pour la tôle d'acier, dont l'usage commence à se généraliser, l'épaisseur est moindre en raison du coefficient de résistance de ce métal qui est plus élevé que celui de la tôle de fer.

5 **Pose des appareils de sûreté**. — La construction des générateurs comporte, en elle-même, la fourniture et la pose des appareils de sûreté, à moins que le traité, intervenu entre l'acheteur et le constructeur, n'ait fait des exceptions à cet égard.

(1) La formule posée par le réglement de 1843 était ainsi conçue :

$$E. = 1{,}8\ D\ (N-1) + 3.$$

que l'on peut remplacer par la suivante, par suite des pressions actuellement exprimées en kilogrammes

$$E. = 1{,}8\ DT + 3.$$

Dans cette formule :

E. est l'épaisseur cherchée en millimètres.
D. le diamètre de la chaudière en mètres.
T. le numéro du timbre exprimé en kilogrammes.

Dans tous les cas, je conseille aux constructeurs, lorsque leur traité ne comporte pas d'exception totale pour ces appareils, de fournir et de poser, soit entièrement, soit partiellement, tous les appareils de sûreté tels qu'ils sont exigés par le décret réglementaire.

6. **Marchands de métaux.** — Les marchands de métaux, soit qu'ils achètent des générateurs d'occasion pour les revendre sans réparations, soit qu'ils les fassent réparer préalablement à leur vente, sont astreints à toutes les obligations des constructeurs.

2° MÉCANICIENS OU COMMISSIONNAIRES.

7. **Appareils à vapeur par provision.** — Les générateurs à vapeur, en sortant des ateliers de construction ne sont pas toujours destinés aux industriels. Souvent ils sont commandés par des ingénieurs-mécaniciens ou commissionnaires, sans destination et usage connus, et ne sont livrés à l'industrie qu'au fur et à mesure qu'ils trouvent acquéreurs.

Ces générateurs, qui, avant leur sortie des ateliers du constructeur, ont subi l'épreuve réglementaire, donnent lieu à une observation importante.

En effet, cette épreuve réglementaire a eu lieu chez le constructeur pour livraison au mécanicien. Quand ce dernier vend en suite le générateur, après un séjour, plus ou moins long dans ses ateliers, il devrait faire exécuter de nouveau l'épreuve. Bien que le décret du 30 avril 1880 ne donne point de règle fixe sur ce point, il est évident que le mécanicien n'est qu'un second constructeur et, qu'à ce titre, il doit, comme le premier, faire éprouver le générateur, à la sortie de ses ateliers. S'il désire éviter cette seconde épreuve, le mécanicien doit nécessairement se munir chez le constructeur, d'un certificat d'épreuve et aviser l'ingénieur des mines du nom et du domicile du destinataire définitif.

8. **Utilité d'un numérotage.** — Il importe aussi d'observer que chaque mécanicien ou commissionnaire adoptant un ou deux types de chaudières, il devient impossible, par suite de la similitude des dimensions de chacune d'elles, de reconnaître, lorsque plusieurs chaudières ont été essayées le même jour, de savoir quelle est celle qui est livrée à l'industrie. De là des erreurs regrettables, qui doivent être évitées. Je ne saurais donc trop recommander aux mécaniciens ou commissionnaires de faire adapter par les constructeurs, et sur chaque chaudière, un numéro d'ordre de fabrication et de désigner ce numéro à l'administration des mines, lorsqu'ils l'informent de la vente d'un générateur.

9 **Pose des appareils de sûreté.** — L'observation que j'ai faite précédemment (5) s'applique surtout aux mécaniciens. Ceux-ci, en effet, ont généralement pour but de compléter les chaudières provenant des constructeurs, par l'adjonction des organes propres à leur fonctionnement : Ils doivent donc les pourvoir

de tous les appareils de sûreté exigés par le réglement.

3° INDUSTRIELS.

10. **Achat de générateurs. — Epreuves.** — Aussitôt que l'industriel a en sa possession les générateurs qu'il doit installer, la première chose, et la plus importante, qui doit l'occuper, s'ils sont neufs, c'est de s'assurer qu'ils ont bien été soumis à l'épreuve réglementaire. Il est évident que, si cette formalité n'avait pas été remplie, l'industriel ne devrait pas mettre au feu, sans avoir demandé cette épreuve.

J'ai dit précédemment (2) qu'il pouvait se faire que, par suite du grand volume d'un générateur, les différentes pièces qui le composent soient quelquefois envoyées séparément à l'industriel et que, dans ce cas, c'était à lui qu'il appartenait de demander l'épreuve à nouveau, s'il y avait lieu, dès que toutes les parties du générateur étaient ajustées. L'industriel fera bien de s'assurer si cet essai doit être renouvelé (n° 2, alinéa 5), sans cela, il s'exposerait à être poursuivi pour s'être servi d'un générateur qui n'aurait pas subi l'épreuve réglementaire. (Loi du 21 juillet 1856, art. 3.)

11. **Réparations. — Epreuves.** — Lorsque les réparations ont lieu aux ateliers de construction, c'est au constructeur qu'il appartient de demander l'épreuve ; l'industriel n'a à s'en préoccuper que pour savoir si elle est faite (n° 3 § 2).

Mais, lorsque la réparation est faite par les soins de l'industriel, soit à l'aide de ses propres ouvriers, soit avec le concours d'ouvriers étrangers, mais dont il aurait réglé directement le salaire, c'est à lui qu'il appartient de demander à l'administration des mines qu'il soit procédé à l'épreuve du générateur réparé.

Dans l'espèce, l'industriel est bien le véritable réparateur et la contravention qui résulterait pour lui, par suite d'une mise au feu sans l'épreuve réglementaire du générateur réparé, serait poursuivie conformément aux termes de l'article 3 de la loi du 21 juillet 1856.

12. **Epreuves des chaudières ayant déjà servi.** — Les industriels n'installent point toujours des chaudières neuves et, par conséquent, ayant été soumises à l'épreuve réglementaire avant leur sortie des ateliers de construction ; il arrive fréquemment, en effet, que par économie ou pour toute autre cause, ils achètent des générateurs ayant déjà servi. Il importe à l'industriel acquéreur de ne pas oublier que c'est à lui seul qu'incombe le soin de faire faire l'épreuve. La garantie si sage que le législateur avait édictée dans le réglement de 1865, en voulant que ce soit le vendeur qui fît faire l'épreuve, a disparu du décret du 30 avril 1880. Ce nouveau réglement met cette formalité à la charge de celui qui se sert de l'appareil.

13. **Epreuve par suite de chômage.** — Lorsqu'une usine est restée en chômage prolongé, les générateurs, qui y sont installés, doivent être soumis à une

nouvelle épreuve avant leur remise en marche, qu'ils aient ou non été réparés.

Il n'est guère possible de définir rigoureusement un chômage prolongé. Il peut arriver que par suite de locaux humides, la détérioration des tôles soit plus active, et qu'un chômage, relativement restreint, soit plus préjudiciable aux générateurs qu'un chômage très-prolongé. Il convient donc, dans l'espèce, d'avoir égard aux circonstances dans lesquelles a lieu le chômage.

Cette épreuve ainsi que les précédentes sont obligatoires en exécution des paragraphes 1°, 2° et 3° de l'article 3 du décret du 30 avril 1880.

14. **Usines en location. — Générateurs neufs ou réparés. — Epreuves.** — Les usines n'étant pas toujours exploitées par leur propriétaire, il importe de remarquer que le locataire d'un établissement pourvu de générateurs qui ferait usage de ces derniers sans qu'ils aient au préalable subi les épreuves réglementaires, soit lorsqu'ils sont neufs, soit après réparation, soit encore après un chômage prolongé, est, en cas d'accident, passible de poursuites pour s'être associé à la contravention que commet le propriétaire, alors même que, dans le cas de réparation, le propriétaire, d'après le bail, serait seul chargé de les faire.

La responsabilité pénale ainsi édictée contre le chef d'industrie, pour le cas de mise en fonctionnement

d'une machine à vapeur, soit neuve, soit réparée, avant les épreuves réglementaires, n'exclut pas, dans l'espèce, la responsabilité du propriétaire pour la contravention qu'il commettrait à l'article 3 du décret réglementaire.

15. **Exemption de l'épreuve.** — Les prescriptions précédentes, relatives aux épreuves à faire subir aux générateurs, ont été tempérées par une disposition spéciale du législateur. L'article 3, paragraphe 5, s'exprime en effet ainsi : « A cet effet, l'intéressé devra informer l'ingénieur des mines de ces diverses circonstances. En particulier, si l'épreuve exige la démolition du massif du fourneau ou l'enlèvement de l'enveloppe de la chaudière et un chômage plus ou moins prolongé, cette épreuve pourra ne point être exigée, lorsque des renseignements authentiques sur l'époque et les résultats de la dernière visite, intérieure et extérieure, constitueront une présomption suffisante en faveur du bon état de la chaudière. Pourront être notamment considérés comme renseignements probants, les certificats délivrés aux membres des associations de propriétaires d'appareils à vapeur par celles de ces associations que le Ministre aura désignées. »

Des dispositions précitées, résultent donc deux faits : d'une part, l'exemption de l'épreuve lorsque les renseignements recueillis sur l'état des chaudières constitueront pour le service des mines une certitude dans le bon fonctionnement de ces appareils, et d'autre part, lorsque des certificats, émanés des ingénieurs des associations de propriétaires d'appareils à vapeur, seront délivrés aux membres de ces associations et admis par les ingénieurs des mines.

Il est évident que les renseignements probants fournis par les certificats des ingénieurs des associations précitées ne sont pas impératifs pour les ingénieurs de l'Etat d'avoir à exempter telle ou telle chaudière de l'épreuve réglementaire : Ils ne sont destinés, avec la sanction des connaissances des hommes techniques et spéciaux qui les ont délivrés, qu'à permettre d'examiner s'il y a lieu de faire bénéficier ces chaudières des dispositions tempérées, édictées par le législateur. Il appartient donc aux ingénieurs des mines de désigner, de concert avec les directeurs des associations, les cas les plus usuels qui donneront lieu à l'application des exemptions.

Les visites des appareils à vapeur existant en dehors des associations peuvent être faites par toutes personnes compétentes, soit par les constructeurs, soit par les agents mêmes des industriels. Mais, je dois faire observer que ces visites ne seront valables qu'autant que les ingénieurs des mines les auront admises

16. **Renouvellement de l'épreuve en général.** — Le renouvellement de l'épreuve, même en dehors de tous les cas prévus dans les numéros précédents, peut être encore exigé lorsque, « à raison

des conditions dans lesquelles une chaudière fonctionne, il y a lieu, par l'ingénieur des mines, d'en suspecter la solidité. » Cette disposition confirme donc un fait important : que l'ingénieur des mines est juge de l'opportunité des essais qu'il y a lieu de faire subir aux chaudières à vapeur.

17. **Epreuves périodiques.** — Les épreuves primordiales, subies par les chaudières neuves, ne donnent pas une garantie éternelle. Le législateur de 1880 a heureusement comblé une lacune importante, en décidant que l'intervalle entre deux épreuves consécutives ne pourrait être supérieur à dix ans, et que l'industriel devait en demander lui-même le renouvellement.

Cette mesure ne s'applique pas évidemment aux chaudières qui auraient subi des épreuves dans tous les cas précédemment spécifiés ; elle n'a pour effet que de soumettre aux épreuves celles des chaudières qui auraient fonctionnées dix ans sans avoir subi, dans cet intervalle, une nouvelle épreuve.

18. **Epreuve des générateurs de provenances étrangères.** — Les générateurs fabriqués à l'étranger, et employés en France, sont également soumis aux épreuves réglementaires, qu'ils aient été, ou non, essayés dans le pays de production. Ces épreuves ont lieu aux endroits désignés par leur propriétaire dans la demande d'épreuve au service des mines.

L'inexécution de cette formalité entraînerait les mêmes conséquences que pour les chaudières françaises. Les contrevenants seraient punis conformément au titre II, article 3, de la loi du 21 juillet 1856.

19. **Contestation en cas d'épreuve.** — J'ai dit précédemment (15 et 16) que les ingénieurs des mines étaient juges de l'opportunité des épreuves à faire subir aux générateurs. Néanmoins, il peut arriver qu'un industriel conteste la nécessité de l'épreuve qu'on veut lui imposer. Dans ce cas, il appartiendrait au Préfet du département, après avoir entendu le réclamant, de statuer sur l'objet de la réclamation.

CHAPITRE II.

ÉPREUVES. — TIMBRE

20. **Epreuves en général**. — L'épreuve des appareils à vapeur a lieu par pression hydraulique, au moyen de pompes, construites de telles manières que la pression obtenue soit maintenue pendant toute la durée d'examen des différentes parties de la chaudière.

La surcharge d'épreuve est constante et égale à un 1/2 kilo par centimètre carré, lorsque le timbre est inférieur à un 1/2 kilo. Elle est double du chiffre inscrit sur la médaille, lorsque ce dernier est compris entre un 1/2 kilo et 6 kilos, et enfin elle redevient constante, et est de 6 kilos, lorsque la pression effective dans la chaudière dépasse ce chiffre.

Après chaque épreuve, il est délivré à l'intéressé un procès-verbal relatant, outre les différentes dimensions de l'appareil éprouvé, la manière dont il s'est comporté à l'épreuve

21. **Préparation des épreuves chez les industriels**. — Le chef d'établissement où se fait l'épreuve doit fournir la main-d'œuvre et les appareils nécessaires à l'opération.

A cet effet, je ne saurais trop recommander aux industriels, lorsque les épreuves ont lieu chez eux, de s'adresser, pour leur préparation, à des constructeurs ou à des mécaniciens. Ceux-ci leur donneront un ouvrier expérimenté qui évitera les détériorations qu'un ouvrier étranger à ce travail occasionne souvent aux générateurs.

Je recommande également aux industriels de toujours démolir les fourneaux en maçonnerie, lorsque l'on doit essayer leurs chaudières. Cette démolition peut n'être que partielle, lorsqu'il s'agit d'une légère réparation ; mais elle doit-être entière si la réparation a quelque importance, ou s'il s'agit de l'épreuve décennale.

22. **Timbres pour épreuves.** — Toutes les parties sur lesquelles on place un timbre, sont le corps principal, le dôme, les bouilleurs et les réchauffeurs. De plus, — l'un de ces timbres est placé de manière à être toujours apparent, après la mise en place de la chaudière.— Cette prescription n'est pas toujours observée, ou, si elle l'est, il n'est pas rare, qu'après un certain temps de service de la chaudière, les timbres soient tellement sales qu'il est impossible d'en distinguer le numéro.

L'industriel ne doit pas oublier que le numéro du timbre indique au chauffeur ou mécanicien, la pression maximum qu'il peut atteindre sans pouvoir la dépasser, et que, par conséquent, il est rigoureusement nécessaire que ce timbre soit toujours propre, afin que le numéro soit bien lisible. Cette prescription est d'ailleurs réglementaire.

23. **Genre de timbre à employer.** — Depuis la promulgation du décret du 30 avril 1880, tous les timbres doivent être exprimés en kilogrammes Ils portent généralement en exergue la mention (Décret réglementaire du 30 avril 1880) (1) placée de manière à ménager une place libre pour l'inscription, au moment de l'épreuve, des jour, mois et année de l'opération.

Les timbres exprimés en atmosphères ne sont plus admis. Ils sont simplement tolérés sur les chaudières dont la construction et l'éprenve sont antérieures au décret précité.

24. **Renouvellement des timbres.** — Le renouvellement des timbres, à chaque épreuve, est obligatoire en principe. Il a toujours lieu, lorsque les épreuves sont faites aux ateliers de construction, par suite de réparation ou pour toute autre cause. Cependant, pour les chaudières essayées à l'usine où elles sont employées, les anciens timbres sont tolérés ; cette tolérance ne s'applique évidemment pas aux timbres exprimés en atmosphères, qui devront inévitablement être remplacés lors de la nouvelle épreuve

25. **Par qui sont faites les épreuves.** — Les épreuves sont faites exclusivement par les ingénieurs des mines et les gardes-mines. Les ingénieurs des ponts et chaussées et les conducteurs sous leurs ordres

(1) Les intéressés peuvent se procurer ces timbres à la monnaie à Paris.

ne peuvent être appelés qu'exceptionnellement à essayer les appareils à vapeur (78).

26. **Poinçonnage des timbres.** — Dès qu'une épreuve a été reconnue satisfaisante par l'un des fonctionnaires précédemment désignés, il est apposé par ses soins, et à l'aide de poinçons, une marque portant moitié sur la médaille, moitié sur les rivets qui la maintiennent.

Trois nombres, indiquant le jour, le mois et l'année de l'opération, sont en même temps inscrits sur le timbre.

En outre, il est délivré à l'intéressé un certificat d'épreuve dont celui-ci ne doit pas se dessaisir et qu'il doit présenter à toute réquisition du personnel de surveillance (20).

CHAPITRE III.

APPAREILS DE SURETÉ.

1° SOUPAPES.

27. **Nombre de soupapes.** — Toute chaudière doit être munie de deux soupapes au moins, et chacune d'elles doit suffire à laisser échapper la vapeur qui viendrait à se produire avec une pression supérieure à celle indiquée par le timbre.

L'article 6 du décret dit en effet que « l'orifice (1) de chacune des soupapes doit suffire à maintenir, celle-ci étant au besoin convenablement déchargée ou soulevée et quelle que soit l'activité du feu, la vapeur dans la chaudière à un degré de pression qui n'excède, pour aucun cas, la limite maximum indiquée par le timbre réglementaire. »

Il est donc formellement prescrit d'avoir deux sou-

(1) Le réglement de 1843 déterminait ainsi qu'il suit le diamètre des soupapes :

$$D = 2,6 \sqrt[2]{\frac{S}{N - 0,412}}$$

que l'on doit remplacer par la suivante par suite des pressions exprimées actuellement en kilogrammes.

$$D = 2,6 \sqrt[2]{\frac{S}{M + 0,588}}.$$

Dans cette formule

D est le diamètre cherché en centimètres ;
S la surface de chauffe en mètres carrés ;
M la pression totale de la chaudière en kilogrammes.

papes par chaque chaudière, sous peine de contravention à l'article 6 de la loi du 21 juillet 1856.

Cette prescription n'est toutefois qu'un minimum. Le constructeur peut poser un plus grand nombre de soupapes ; mais alors la section totale d'écoulement doit être double de celle nécessaire à l'évacuation de la vapeur qui viendrait à se produire en excès.

Je dois dire toutefois que cette latitude laissée au constructeur est rarement utilisée, en raison de l'entretien difficile et onéreux d'un trop grand nombre de soupapes. Dans la pratique, il se contente de satisfaire aux prescriptions du décret, en ne posant que les deux soupapes réglementaires.

28. **Charge des soupapes.** — Les soupapes sont à charge directe ou indirecte. (1) Dans tous les cas,

(1) La charge des soupapes peut être calculée par les formules suivantes :

Charge directe $$Q = \left(\frac{\pi D^2}{4} \times T\right) - P'$$

Charge indirecte $$Q = \frac{\pi D^2 P l}{4 L} - \frac{(P. - P') l}{L}$$

dans ces formules :

Q est le poids cherché en kilogrammes ;
D le diamètre de la soupape en centimètres ;
T la pression par centimètre carré de surface de soupape, exprimée en kilogrammes ;
P le poids de la soupape ;
P' la pression du bras de levier sur la soupape ;
L la longueur totale du bras de levier comprise entre l'axe de l'articulation et le point d'application du poids Q ;
l la longueur du bras de levier comprise entre l'axe de l'articulation et le point ou il s'appuie sur la soupape ;
$\pi = 3{,}1416$.

la charge doit avoir lieu à l'aide d'un poids unique, soit posé directement sur la soupape, soit suspendu à l'extrémité d'un bras de levier.

Dans les machines locomotives, les soupapes sont pressées par des ressorts. Le long de ces ressorts se trouve une échelle divisée, indiquant les tensions diverses de la vapeur, et permettant au mécanicien de faire varier la pression à l'aide d'un écrou placé à leur extrémité supérieure.

29. **Surcharge des soupapes.** — La surcharge des soupapes, bien que formellement défendue, est un fait malheureusement peu rare.

Pour obvier, soit à une faible production de vapeur obtenue par une marche réglementaire, soit à une déperdition trop forte de vapeur par les soupapes ou joints mal entretenus, l'industriel fait surcharger les soupapes. Cette contravention, prévue par l'article 7 de la loi du 21 juillet 1856, est des plus graves. Le législateur a été sage en punissant sévèrement le contrevenant ; la marche avec excès de pression fatigue outre mesure les générateurs et peut amener des accidents terribles.

L'industriel doit défendre formellement toute surcharge. Il lui appartient, ou d'augmenter le nombre de ses générateurs, ou de surveiller attentivement le bon fonctionnement des soupapes, si l'insuffisance ou l'échappement de vapeur lui rendent difficile la marche de son outillage.

30. **Culpabilité des chauffeurs** — Les chauffeurs ou mécaniciens qui ont surchargé, ou fait fonctionner une chaudière dont une seulement ou les deux soupapes sont surchargées, sont également répréhensibles, et la contravention qu'ils commettent est prévue et punie conformément au premier paragraphe de l'article 7 de la loi du 21 juillet 1856.

31. **Causes les plus fréquentes des surcharges.** — Si l'insuffisance des chaudières est une des causes de surcharge par suite du besoin de vapeur, il en est une autre, qui est plus générale, et qui provient de l'entretien défectueux des soupapes.

L'emploi trop prolongé des générateurs sans arrêt, au moins momentané, a pour résultat de ne pouvoir entretenir convenablement les soupapes. Elles ne peuvent être rodées, et leur fonctionnement après un certain temps de marche, est des plus irrégulier.

Les poussières, provenant de la chambre des générateurs, sont encore une autre cause de surcharge : En tombant sur les soupapes, elles forment, avec l'eau provenant de la vapeur condensée, une espèce de mastic qui, à la longue, durcit et empêche les soupapes d'adhérer complétement ; d'où une quantité de vapeur qui s'échappe inutilement et que l'on retient à l'aide de surcharge dont les conséquences sont quelquefois désastreuses.

Un bon entretien des soupapes est donc de toute nécessité, et tout industriel soigneux, et surtout soucieux de la vie de ses ouvriers, doit défendre formellement toute surcharge et recommander expressément à ses chauffeurs de nettoyer souvent ces appareils de sûreté.

2° MANOMÈTRES.

32. **Différents genres de manomètres.** — Le décret du 30 avril 1880 se contente d'exiger un manomètre en bon état, gradué en kilogrammes, sans astreindre l'industriel à faire usage de tel ou tel genre.

En principe théorique, les manomètres sont des instruments destinés à mesurer la force élastique de la vapeur contenue dans les générateurs. On en distingue de trois sortes :

1° Manomètre à air libre ;
2° Manomètre à air comprimé ;
3° Manomètre métallique.

33. **Manomètre à air comprimé.** — Je dirai de suite que les manomètres à air comprimé ne sont pas employés par l'industrie. L'expérience a démontré qu'ils sont tellement sujets à se détériorer que la plupart des appareils de ce genre, une fois adaptés aux récipients de vapeurs, donnent, au bout de peu de temps, des indications inexactes. Le décret réglementaire ne s'oppose pas à leur emploi, mais il convient de ne pas s'en servir.

34. **Manomètre à air libre.** — Dans ce genre de manomètre, la force élastique de la vapeur est équi-

librée ou mesurée par une colonne de mercure dont la hauteur augmente de $0^m,76$ par chaque atmosphère dont s'accroît la force de la vapeur. Il en résulte que pour une chaudière timbrée, par exemple, à cinq atmosphères, la hauteur de la colonne de mercure sera de $0^m,76 \times (5\text{-}1)$ ou $3^m,04$. Si l'on tient compte de l'espace vide du tube en verre, réservoir du mercure, à ménager au-dessus de la limite maxima ($3^m,04$), et aussi des rebords, inférieur et supérieur de la planche sur laquelle est fixé ce tube, on arrive, sans exagération, à un manomètre de $3^m,40$ de hauteur.

Un appareil aussi grand est fort incommode, aussi est-il généralement abandonné, non seulement à cause de ses dimensions, mais encore à cause de l'énorme quantité de mercure employé, de la difficulté de lecture, etc. ; son usage paraît être limité aux chaudières à basse pression.

35. **Manomètre métallique. —** Le manomètre métallique est celui qui est généralement employé. C'est un tube à parois minces et élastiques, contourné en spirale, communiquant avec le générateur, terminé à l'autre extrémité par une aiguille qui se meut sur un cadran gradué, suivant la déformation plus ou moins accentuée du tube par la tension de la vapeur.

Cette disposition permet de donner un très-petit volume à ce genre de manomètre. Il est maintenant presque seul employé.

36. **Graduation du cadran du manomètre métallique** — Les cadrans des manomètres métalliques, dont les divisions sont marquées en chiffres, ont leurs graduations commençant, tantôt par 1, tantôt par O.

Il est désirable que tous commencent par zéro, parce que tous les timbres doivent être exprimés en kilogrammes. Néanmoins ceux dont la graduation commence par l'unité peuvent-être utilisés, en ayant soin de placer la marque de pression sur le chiffre immédiatement supérieur à celui qui est inscrit sur le timbre.

37. **Marque de pression.** — Outre les dispositions précédentes, et quel que soit d'ailleurs le genre de manomètre employé, *une ligne très-apparente* marque sur l'échelle la limite que la pression effective de la vapeur ne doit pas dépasser. Cette disposition précise du décret réglementaire indique clairement que le manomètre doit être placé à la vue du chauffeur, afin qu'il puisse en suivre toutes les variations.

38. **Utilité de la marque de pression rapprochée du timbre**. — Si l'on rapproche la prescription précédente de celle qui est signalée dans le n° 22, on voit toute la nécessité d'avoir toujours les timbres très-propres et leur numéro très-apparent.

D'une part, en effet, le timbre indique au chauffeur la pression maxima qu'il peut atteindre, et, d'autre part, le manomètre le renseigne sur la situation de cette pression.

39. **Nombre de manomètres.** — Jusqu'à la promulgation du décret du 30 avril 1880, un seul manomètre pouvait servir à plusieurs chaudières lorsque celles-ci avaient un réservoir de vapeur commun. Il n'en est plus de même aujourd'hui ; à l'avenir, chaque chaudière, quel qu'en soit le nombre dans une même batterie, devra être munie d'un manomètre.

40. **Porte manomètre vérificateur.** — Jusqu'à présent le porte manomètre vérificateur n'avait pas fait l'objet d'une disposition législative. Le décret du 30 avril 1880 a comblé cette lacune ; il dit que. « La chaudière est munie d'un ajutage terminé par une bride de $0^m,04$ de diamètre et $0^m,005$ d'épaisseur disposée pour recevoir le manomètre vérificateur. »

L'emplacement le plus convenable pour cet ajutage est sur la partie supérieure des chaudières. Il peut être encore utilement placé près du manomètre de la chaudière. Beaucoup d'entre eux sont d'ailleurs construits avec cet appendice.

3° ALIMENTATION. — HAUTEUR DE L'EAU.

41. **Différentes manières d'alimenter** — Les chaudières des machines à vapeur sont généralement alimentées par des pompes mues par la machine ; les unes sont à jeu continu, les autres à jeu intermittent. Dans l'un ou l'autre cas, l'alimentation ne peut-être assurée qu'autant que la pompe alimentaire peut four-

nir un volume d'eau supérieur à celui qui est vaporisé dans la chaudière. Il est donc indispensable que la course du piston de la pompe soit variable pour que le mécanicien, ou chauffeur, puisse la régler à volonté, ou bien, que l'eau, fournie par la pompe, se divise en deux parties dont l'une est admise dans la chaudière, et l'autre, supplémentaire, retourne soit à la bâche, soit à une perte.

La quantité d'eau admise dans la chaudière est réglée, soit par des robinets étagés et placés sur le devant des chaudières et à la disposition du chauffeur, soit par les tubes en verre, soit encore au moyen de flotteur. Cet indicateur, ainsi que je le dirai plus loin (48), n'est pas exigé; mais il est presque toujours adapté sur chaque chaudière.

Lorsque le jeu de la pompe est intermittent, le chauffeur, ou mécanicien, peut, à volonté, l'empêcher de fonctionner, soit en décrochant la tige du piston, soit en relevant le clapet d'aspiration, ou en fermant le robinet qui se trouve au tuyau d'aspiration. En tout cas, il doit faire jouer la pompe, dès que le niveau de l'eau, dans la chaudière, est descendu au-dessous de la ligne tracée de la manière indiquée au n° 45 suivant.

Je pense toutefois que l'alimentation à jeu contenu est préférable non seulement à cause de la sécurité, mais aussi à cause de la diminution de travail qui en résulte pour les chauffeurs.

42. **Appareil de retenue.** — Chaque chaudière

doit-être munie d'un appareil de retenue, soupape, ou clapets, fonctionnant automatiquement et placé au point d'intersection du tuyau d'alimentation qui lui est propre.

43. **Arrêt de vapeur.** — Chaque chaudière doit également, être munie d'une soupape ou d'un robinet d'arrêt de vapeur, placé, autant que possible, à l'origine du tuyau de conduite de vapeur sur la chaudière même.

Les prescriptions indiquées dans les nos 42 et 43 sont formelles ; elles ont pour but de protéger les chaudières, contre les dangers de la rupture soit de la conduite d'amenée d'eau (42) soit de la conduite de prise de vapeur (43). Les industriels doivent donc faire modifier immédiatement leurs chaudières si elles ne sont pas munies des appareils de retenue ou d'arrêt de vapeur.

44. **Hauteur de l'eau.** — « Toute paroi en contact par une de ses faces avec la flamme doit-être baignée par l'eau sur sa face opposée. »

« Le niveau de l'eau doit-être maintenu dans chaque chaudière à une hauteur de marche telle qu'il soit, en toute circonstance, à 0m 06 au moins au-dessus du plan pour lequel la condition précédente cesserait d'être remplie. » (art. 10 du décret).

45. **Ligne de niveau d'eau.** — La position limite indiquée par le numéro précèdent (44) doit-

être marquée d'une manière très-apparente sur les parties extérieures de la chaudière et sur le parement des fourneaux, aussi près que possible du tube en verre réglementaire.

La plupart des chaudières ne satisfont pas à cette prescription : J'appelle donc l'attention des industriels sur ce point, car l'absence de ligne de niveau d'eau est une infraction à l'article 10 du décret réglementaire et à l'article 6 de la loi du 21 juillet 1856.

46. **Dispense de la hauteur d'eau.** — La hauteur, et par suite la ligne de niveau d'eau, ne sont pas exigées sur certains récipients. Le décret, du 30 avril 1880 prévoit des exceptions qui s'appliquent :

1° Aux surchauffeurs de vapeur distincts de la chaudière ;

2° A des surfaces relativement peu étendues et placées de manière à ne jamais rougir même lorsque le feu est poussé à son maximum d'activité, telles que les tubes ou parties de cheminées qui traversent le réservoir de vapeur, en envoyant directement à la cheminée principale les produits de la combustion.

4° INDICATEURS DE HAUTEUR D'EAU.

47. **Nombre de niveaux d'eau.** — Chaque chaudière doit être pourvue de deux indicateurs de niveau de l'eau indépendants l'un de l'autre. L'un de ces niveaux est un tube en verre ; l'autre, est au choix de l'industriel. Ces deux niveaux doivent être sur

chaque chaudière quel que soit d'ailleurs le nombre de ces dernières dans une même batterie.

48. **Indicateur au choix de l'industriel.** — Les industriels peuvent employer soit des jeux de robinets, étagés sur le devant de la chaudière et à la main des chauffeurs, soit un flotteur comportant un balancier à contre-poids équilibré, ou encore un flotteur magnétique. Ce dernier et le jeu de robinets sont, sans contredit, les indicateurs de niveau d'eau le plus généralement employés, soit seuls, soit quelquefois ensemble. Des sifflets d'alarme sont souvent adaptés sur l'un des deux indicateurs de la chaudière.

49. **Indicateur réglementaire. — Tube en verre.** — L'indicateur du niveau d'eau en verre, le seul réglementaire, et par conséquent imposé aux industriels, est placé sur le devant des chaudières de manière à se trouver en vue du chauffeur pour qu'il puisse en examiner constamment toutes les variations. Il est souvent considéré comme inutile par ce dernier, et même par les industriels, d'un entretien difficile et souvent d'une fragilité qui en rend l'usage presque impossible.

Ce reproche n'est pas fondé ; mais le serait-il, qu'il importe pourtant que les industriels s'habituent à son usage et ne cherchent point à s'en exempter par des excuses non recevables, eu égard aux prescriptions formelles du décret du 30 avril 1880.

L'absence du tube en verre est d'ailleurs une contravention sérieuse, prévue et punie par l'article 6 de la loi du 21 juillet 1856.

58. **Emplacement du niveau réglementaire dans les grandes chaudières verticales. —** Les grandes chaudières verticales jouissent seules d'une exception au sujet du tube en verre. En raison de la difficulté qu'il y aurait pour le chauffeur d'avoir le niveau en verre à une trop haute distance, le législateur a permis (art. 11, *in fine,* du décret)de leremplacer par un appareil disposé de manière à reporter en vue de l'ouvrier chargé de l'alimentation, l'indication du niveau de l'eau dans la chaudière.

CHAPITRE IV.

ÉTABLISSEMENT DES CHAUDIÈRES.

51. **Déclarations. — Différents cas.** — Tous les industriels peuvent installer dans leurs ateliers ou usines, un ou plusieurs générateurs ; mais ils sont tenus d'en faire la déclaration (1) au Préfet du département (à Paris au Préfet de police), qui leur en donne acte (2).

La déclaration doit être faite :

Lorsque l'on installe pour la première fois un ou plusieurs générateurs ;

Lorsque par suite d'usure ou d'insuffisance d'un générateur, l'industriel le remplace, ou en augmente le nombre, par un ou plusieurs autres, neufs ou d'occasion ;

Lorsque par suite de changement de local, les générateurs sont forcément déplacés ;

Lorsque par suite de vente, une usine passe aux mains d'un nouvel industriel ;

Lorsque par suite de modification dans l'acte constitutif d'une Société, la raison sociale a été modifiée ou changée.

(1) Voir annexe page 93.

(2) Voir annexe page 96.

Lorsque la nature et le genre d'industrie de l'usine sont changés et que, par suite, les générateurs ne sont plus affectés au service pour lequel ils avaient été déclarés antérieurement.

Les déclarations sont rédigées en double expédition, sur papier libre, et adressées, toutes deux, au Préfet du département.

L'absence de déclaration entraîne une contravention prévue et punie par l'article 4 de la loi du 21 juillet 1856.

52. **Renseignements à fournir dans la déclaration.** — « La déclaration fait connaître avec précision : (art. 13 du décret).

1° Le nom et le domicile du vendeur de la chaudière ou l'origine de celle-ci ;

2° La commune et le lieu où elle est établie ;

3° La forme, la capacité et la surface de chauffe ;

4° Le numéro du timbre réglementaire ;

5° Un numéro distinctif de la chaudière, si l'établissement en possède plusieurs ;

6° Enfin, le genre d'industrie et l'usage auquel elle est destinée. »

53. **Donné acte de déclaration.** — Dès qu'un industriel a fait la déclaration d'installation d'une chaudière, il lui en est donné acte. Ce donné acte, qui est sur timbre, vaut autorisation ; il est accompagné d'un exemplaire du décret du 30 avril 1880.

54. **Numérotage des chaudières.** — Des ren-

seignements à fournir dans la déclaration (52 § 5) il résulte que chaque chaudière, lorsqu'il y en a plusieurs dans une même batterie ou dans un même établissement, doit avoir un numéro d'ordre qui lui est propre. L'industriel, doit donc, faire placer, ce numéro, sur chaque chaudière si ses appareils n'en sont pas encore pourvus.

Le numérotage a lieu, de gauche à droite, à l'aide de plaques portant en relief, et bien en vue, le chiffre qui indique le numéro de la chaudière.

55. **Classification des chaudières.** — « Les chaudières sont divisées en trois catégories. Cette classification est basée sur le produit de la multiplication du nombre exprimant en mètres cubes la capacité totale de la chaudière avec ses bouilleurs et ses réchauffeurs alimentaires, mais sans y comprendre les surchauffeurs de vapeur, par le nombre exprimant, en degrés centigrades, l'excès de la température de l'eau correspondant à la pression indiquée par le timbre réglementaire, sur la température de 100 degrés conformément à la table annexée au décret » (1).

« Si plusieurs chaudières doivent fonctionner ensemble dans un même emplacement et si elles ont entre elles une communication quelconque, directe ou indirecte, on prend, pour former le produit comme il vient

(1) Voir annexe page 79.

d'être dit, la somme des capacités de ces chaudières.»

« Les chaudières sont de la première catégorie quand le produit est plus grand que 200 ; de la deuxième, quand le produit n'excède pas 200, mais surpasse 50; de la troisième, si le produit n'excède pas 50. (Art. 14 du décret). »

Les différentes catégories de chaudières sont donc basées sur la quantité de chaleur dangereuse (1) accumulée dans la chaudière. Par ce calcul, une plus grande latitude que par le passé existe entre les catégories, et le cadre moyen des catégories inférieures en est élargi.

56. **Conditions d'emplacement à observer pour les chaudières de première catégorie.** — Les chaudières de première catégorie ne peuvent être établies dans les maisons ou dans les ateliers surmontés d'étage. L'article 15 du décret réglementaire dit que « n'est pas considérée comme un étage, au-dessus de l'emplacement d'une chaudière, une construction dans laquelle ne se fait aucun travail nécessitant la présence d'un personnel à poste fixe.»

A cet égard, je ne saurais trop recommander aux industriels d'interdire rigoureusement l'entrée du dessus

(1) La quantité de chaleur dangereuse est égale à V (t-100).
Dans cette formule :
V est le volume de ou des chaudières.
T la température de l'eau en degrés centigrades (cette température est donnée par la table annexée au décret page 79).

des générateurs aux ouvriers qui, au moment des repas, ou pour se chauffer dans la journée, ont la funeste habitude d'aller s'asseoir dans les sables recouvrant les générateurs Il en résulte trop souvent des accidents regrettables.

Les conditions d'emplacement des chaudières de 1° catégorie à l'égard des habitations voisines sont réglées très-explicitement par l'art. 16 du décret qu'il convient de reproduire: « art. 16. — Il est interdit de placer une chaudière de première catégorie à moins de trois mètres (3m) d'une maison d'habitation.

Lorsqu'une chaudière de première catégorie est placée à moins de dix mètres (10m) d'une maison d'habitation, elle en est séparée par un mur de défense.

Ce mur, en bonne et solide maçonnerie, est construit de manière à défiler la maison par rapport à tout point de la chaudière distant de moins de dix mètres (10m), sans toutefois que sa hauteur dépasse de un mètre (1m) la partie la plus élevée de la chaudière. Son épaisseur est égale au tiers au moins de sa hauteur, sans que cette épaisseur puisse être inférieure à un mètre (1m) en couronne. Il est séparé du mur de la maison voisine par un intervalle libre de trente centimètres (0m30) de largeur au moins.

L'établissement d'une chaudière de première catégorie à la distance de dix mètres (10m) ou plus d'une maison d'habitation n'est assujetti à aucune condition particulière.

Les distances de trois mètres (3m) et de dix mètres (10m), fixées ci-dessus, sont réduites respectivement à un mètre cinquante centimètres (1m,50) et à cinq mètres (5m), lorsque la chaudière est enterrée de façon que la partie supérieure de ladite chaudière se trouve à un mètre (1m) en contre-bas du sol, du côté de la maison voisine. »

Il résulte donc, des dispositions de l'Art. 16, que deux modifications importantes sont apportées au décret de 1865. D'une part, le mur spécial, qui devait séparer le local contenant la chaudière des ateliers contigus, n'est plus exigé ; et, d'autre part, le mur de défense est obligatoire, alors même que l'axe du générateur prolongé ne rencontrerait pas le mur de la maison voisine.

J'appelle tout particulièrement l'attention des intéressés sur ce dernier point, en leur faisant remarquer que ce mur de défense, pouvant ne plus être séparé du massif de la chaudière, peut être compris dans le massif du fourneau de la dite chaudière et que les distances à observer pour leur emplacement sont comptées à partir des chaudières mêmes quand même, elles seraient enveloppées d'un fourneau en maçonnerie.

57. **Conditions d'emplacement des chaudières de 2e et de 3e catégorie.** — Les chaudières de 2e catégorie peuvent être installées dans l'intérieur des ateliers, s'ils ne font pas partie d'une maison d'habitation.

Celles de 3° catégorie peuvent être établies partout, même dans une maison habitée par des tiers.

Toutefois, les foyers des chaudières de ces deux catégories ne peuvent être établis à moins de 1m du mur des maisons voisines, pour la 2° catégorie, et de 0m50 pour la 3°.

58. **Renonciation des tiers aux conditions d'installation.** — Sous l'empire du précédent décret de 1865, les conditions d'emplacement des chaudières, ci-dessus énumérées, n'étaient pas appliquées lorsque les tiers intéressés renonçaient à s'en prévaloir. Il n'a pas paru au législateur que cette exemption puisse être maintenue dans le nouveau réglement. Les conditions d'emplacement sont donc obligatoires.

59. **Fumivorité des foyers.** — La disposition relative à la non production de la fumée, qui faisait l'objet d'un article spécial dans l'ancien réglement, a également disparu du décret du 30 avril 1880.

Les inconvénients auxquels le décret de 1865 avait voulu parer n'étant pas particuliers à l'emploi des appareils à vapeur, et ne touchant en rien la sécurité publique, le législateur de 1880 a laissé aux tribunaux judiciaires le soin de se prononcer sur les réclamations qui pourraient se produire à ce sujet. Je recommande toutefois aux industriels de rendre fumivores, autant que possible, les foyers de leurs générateurs ; sans cela, ils s'exposeraient à être actionnés en justice par les intéressés.

60. **Cheminées.** — La construction des cheminées d'usines, possédant des machines à vapeur, n'est pas réglementée par le décret du 30 avril 1880; mais, l'installation de machines fixes en exigeant nécessairement l'édification, il me paraît utile d'appeler l'attention des industriels sur ce point.

En effet, la plupart des usines sont construites à la suite des formalités exigées par le décret du 15 octobre 1810, (1) lorsque, par leur nature ou genre d'industrie, elles sont classées dans les établissements insalubres et incommodes. Ces formalités ont exigé un plan de détail de l'usine qui a servi à l'enquête, et est resté annexé à l'arrêté d'autorisation. Par suite, l'emplacement de la cheminée des générateurs à été approuvé, et l'industriel n'a pas le droit de le changer, sans qu'il soit procédé à de nouvelles informations.

Toutefois, la démolition d'une cheminée, construite ainsi dans un emplacement autre que celui qui a été primitivement prévu, ne peut-être ordonnée, de plano, par l'autorité compétente sans enquêtes nouvelles, si l'industriel a le soin de demander qu'il y soit procédé;

(1) Les établissements réputés insalubres, dangereux ou incommodes sont régis par un décret du 15 octobre 1810, une ordonnance royale du 14 janvier 1815, un décret du 25 mars 1852 sur la décentralisation administrative, donnant aux Préfets de nouveaux pouvoirs relativement aux établissements de la première classe, un décret du 31 décembre 1866 sur la nouvelle répartition de ces établissements dans trois classes, enfin un décret du 31 janvier 1872 complétant la nomenclature annexée au décret du 31 décembre1866.

ladite demande présentée même après qu'il aurait reçu l'injonction de démolir (1).

Je recommande donc aux industriels qui érigent une nouvelle usine, dont l'établissement est assujetti aux prescriptions du décret de 1810, d'en bien examiner le projet et de se prononcer définitivement sur l'emplacement à assigner à la cheminée, afin d'éviter de doubles enquêtes, qui leur feraient perdre un temps précieux, si, par la suite, une modification devait y être apportée.

61. **Construction de bâtiments, par des tiers, dans le voisinage des chaudières.** — Si un terrain vague, contigu à une usine, venait à être bâti postérieurement à l'établissement de cette usine, le propriétaire devrait se conformer immédiatement aux conditions d'emplacement prescrites par les articles 16, 17 et 18 du décret du 30 avril 1880 (nos 56 et 57 ci-dessus), comme si la maison eut été construite avant l'établissement de la chaudière.

J'ai dit précédemment (58) que les conditions d'emplacement étaient obligatoires, prescrites en un mot par le décret réglementaire ; l'industriel fera donc bien de se mettre en règle avec ces conditions d'emplacement dans le cas de construction dans le voisinage de ses chaudières. Sans cela, il s'exposerait à être poursuivi,

(1) Arrêt du Conseil d'état du 23 mai 1864.

d'une part, pour contravention au réglement, et, d'autre part, par les tiers intéressés.

62. **Dispositions spéciales aux chaudières de l'intérieur des mines.** — Les chaudières à vapeur, employées à l'intérieur des mines, outre les mesures de sûreté, édictées par ledit réglement et la déclaration qui doit en être faite (51 et 52) sont encore soumises aux conditions spéciales que pourra fixer le Préfet, suivant les cas et sur le rapport des Ingénieurs des mines.

CHAPITRE V.

CHAUDIÈRES DES MACHINES LOCOMOBILES OU LOCOMOTIVES.

63. **Définition des machines locomobiles ou locomotives**. — Les machines locomobiles sont celles qui peuvent être transportées facilement d'un endroit dans un autre, sans exiger d'installation spéciale pour leur fonctionnement. Elles sont généralement portées par des roues.

Les machines locomotives sont celles qui, en travaillant, se déplacent par leur propre force : telles sont les machines circulant sur rails, chemins de fer ou tramways, et celles circulant sur terre, machines routières, rouleaux compresseurs, etc.

64. **Épreuve. — Timbre. — Appareils de sûreté**. — Les machines locomobiles ou locomotives sont assujetties au décret réglementaire du 30 avril 1880, exactement comme les générateurs établis à demeure, pour ce qui concerne les épreuves, timbres, appareils de sûreté, etc. Je ferai observer, incidemment, que la tolérance d'un seul tube indicateur du niveau de l'eau n'a pas été maintenu dans le nouveau réglement et, qu'à l'avenir, les locomobiles devront être pourvues de deux indicateurs.

65. **Plaque indicative du nom du propriétaire. Numérotage.** — Chaque locomobile ou locomotive doit porter, bien en vue, une plaque sur laquelle sont inscrits, en lettres très-apparentes, le nom du propriétaire, son domicile et un numéro d'ordre, si ce propriétaire en possède plusieurs.

66. **Déclaration.** — Les locomobiles font l'objet d'une déclaration exactement semblable à celle prévue pour les machines fixes (51-52). Le donné acte, qui est délivré, doit se trouver entre les mains de l'ouvrier, chargé de la conduite de la locomobile, afin qu'il puisse le présenter, à toute réquisition, aux fonctionnaires chargés de la surveillance.

Pour les locomotives, il doit être fait une demande de permis de circulation. Cette demande doit contenir, outre l'énumération des appareils de sûreté, des renseignements précis sur les divers organes de fonctionnement (1).

Les demandes de permis de circulation sont rédigées en double expédition et adressées au Préfet du département où se trouve le domicile du propriétaire.

67. **Fonctionnement des locomobiles.** — Aucune condition spéciale n'est imposée pour le fonctionnement des locomobiles ; il importe pourtant

(1) Voir le modèle de demande de permis de circulation page 94 ; il indique tous les renseignements à fournir.

que je fasse observer que, d'une part, leur emploi ne doit pas avoir lieu trop près de matières facilement inflammables, afin d'éviter les incendies qui pourraient se produire par suite de l'échappement de flammèches par la cheminée, et d'autre part, que les propriétaires de ces appareils doivent toujours se conformer aux réglements de police locale, s'il en existe.

68. **Circulation des locomotives.** — La circulation des locomotives est régie par des réglements d'administration spéciaux (1).

69. **Contraventions.** — Les contraventions relatives aux chaudières des machines locomobiles ou locomotives sont les mêmes que pour les générateurs établis à demeure, et sont réprimées conformément à la loi du 21 juillet 1856.

Quelques autres contraventions sont spécialement prévues pour les locomotives, et tombent sous l'application de la loi du 15 juillet 1845.

---

(1) Ordonnance du 15 novembre 1846.

CHAPITRE VI.

RÉCIPIENTS DE VAPEUR. — RÉSERVOIRS D'EAU.

70. **Récipients de vapeur. — Réservoirs —** Les récipients de vapeur, qui n'étaient pas réglementés par l'ancien réglement, sont, de par le décret du 30 avril 1880, soumis à certaines formalités, lorsque leur capacité dépasse 100 litres, et que leur communication avec l'atmosphère n'est point établie par des moyens excluant toute pression effective nettement appréciable.

Ces récipients comprennent les cylindres sécheurs, chaudières à double fond et appareils divers, les machines locomotives sans foyer et tous les autres réservoirs dans lesquels de l'eau à haute température est emmagasinée pour dégager de la chaleur ou de la vapeur.

Les calorifères, contenant de l'eau à une température supérieure à 100 degrés sont compris dans ces réservoirs.

Les cylindres des machines ainsi que leurs enveloppes, et les serpentins ne sont pas considérés comme récipients.

71. **Déclaration**. — Les récipients de vapeur ou les réservoirs d'eau sont soumis comme les

générateurs à demeure, à une déclaration au Préfet du département qui en donne acte. Les renseignements à fournir dans la déclaration sont les mêmes que pour ces appareils, sauf pour la surface de chauffe qui n'est pas mentionnée.

72. **Epreuves. — Timbres.** — L'épreuve des récipients ou réservoirs a lieu de la même manière et dans les mêmes conditions que pour les chaudières à vapeur. Toutes les observations contenues dans les nos 2 à 26 précédents leur sont applicables.

Toutefois, la surcharge d'épreuve est modifiée en leur faveur de la manière suivante : elle est égale à la moitié de la pression maximum à laquelle l'appareil doit fonctionner, lorsque cette pression ne dépasse pas 8 kilos ; au delà, la surcharge est constante et invariablement fixée à 4 kilos.

73. **Appareil de sûreté. — Soupape** — Le seul appareil de sûreté qui soit prescrit, consiste en une soupape qui peut être placée, soit sur le récipient ou réservoir lui-même, soit sur le tuyau d'arrivée de la vapeur, entre le robinet et le récipient ou réservoir.

« L'orifice de cette soupape, convenablement déchargée ou soulevée au besoin, doit suffire à maintenir, pour tous les cas, la vapeur dans le récipient, à un degré de pression qui n'excède pas la limite du timbre (§ 2 de l'art. 32 du décret) ».

Elle doit être réglée pour la pression indiquée par le timbre, à moins que cette pression ne soit égale ou supérieure à celle qui est fixée pour la chaudière alimentaire.

74. **Délai d'application des dispositions précédentes.** — Un délai de six mois, à partir de la promulgation du décret étant accordé pour l'exécution des dispositions précédentes, concernant les récipients ou réservoirs, c'est le 30 octobre 1880 que tous les industriels devront être en mesure de justifier qu'ils se sont conformés au décret réglementaire; passé cette date, ils se trouveront en contravention.

CHAPITRE VII.

DISPOSITIONS GÉNÉRALES.

75. **Exemption aux prescriptions du décret :** — « Le Ministre peut, sur le rapport des ingénieurs des mines, l'avis du Préfet et celui de la Commission centrale des machines à vapeur, accorder dispense de tout ou partie des prescriptions du décret réglementaire, dans tous les cas où, à raison soit de la forme, soit de la faible dimension des appareils, soit de la position spéciale des pièces contenant de la vapeur, il serait reconnu que la dispense ne peut pas avoir d'inconvénient. »

76. **Entretien et visite des chaudières ou récipients.** — L'entretien et la visite des chaudières ou récipients font l'objet d'une disposition législative. (art. 36 du décret).

Il importe donc que tous les industriels se mettent en mesure de faire visiter leurs chaudières à des intervalles rapprochés. Ces visites, dont ils auront soin de réclamer le procès-verbal, qui devra être présenté aux fonctionnaires de surveillance, dans leurs tournées, devront être faites par des hommes spéciaux. En certains cas (15) elles auront pour effet de dispenser les générateurs de nouvelles épreuves.

Les industriels trouveront d'ailleurs au chapitre VIII tous les renseignements et indications générales concernant cette prescription.

77. **Accidents**. — « En cas d'accident ayant occasionné la mort ou des blessures, le chef de l'établissement doit prévenir immédiatement l'autorité chargée de la police locale et l'ingénieur des mines chargé de la surveillance. L'ingénieur se rend sur les lieux, dans le plus bref délai, pour visiter les appareils, en constater l'état et rechercher les causes de l'accident. Il rédige sur le tout :

1° Un rapport qu'il adresse au procureur de la République, et dont une expédition est transmise à l'ingénieur en chef, qui fait parvenir son avis à ce magistrat ;

2° Un rapport qui est adressé au préfet, par l'intermédiaire et avec l'avis de l'ingénieur en chef.

En cas d'accident n'ayant occasionné ni mort ni blessure, l'ingénieur des mines seul est prévenu ; il rédige un rapport qu'il envoie, par l'intermédiaire et avec l'avis de l'ingénieur en chef, au préfet.

En cas d'explosion, les constructions ne doivent point être réparées, et les fragments de l'appareil rompu ne doivent point être déplacés ou dénaturés avant la constatation de l'état des lieux par l'ingénieur.»

78. **Fonctionnaires chargés de la surveillance**. — Les fonctionnaires chargés de la surveillance

sont les ingénieurs des mines et les gardes-mines. Cette surveillance s'exerce sous la direction des Préfets des départements avec le concours des autorités locales.

Par exception, la surveillance peut être confiée aux ingénieurs et conducteurs des ponts-et-chaussées, mais sous les ordres de l'ingénieur en chef des mines.

79. **Rapport entre les fonctionnaires chargés de la surveillance et les associations de propriétaires d'appareils à vapeur.** — Afin de faciliter aux associations, qui réclament le bénéfice de l'article 3 du décret, les rapports qui doivent s'établir entre elles et les ingénieurs des mines, celles-ci devront adresser directement aux ingénieurs intéressés :

1° Chaque année, la liste des membres ;

2° Tous les mois, la liste des mutations ;

3° Tous les six mois, la liste des générateurs visités, intérieurement et extérieurement, avec toute facilité, pour les Ingénieurs des mines, de s'assurer de l'exactitude de ces documents, soit au siége des associations, soit auprès des industriels, qui devront, à toute demande des ingénieurs, représenter les procès-verbaux, qui leur sont adressés à la suite de chaque visite.

80. **Répression des contraventions.** — Les contraventions commises sont constatées par les fonctionnaires chargés de la surveillance. Elles sont

poursuivies et réprimées judiciairement, soit par application de la loi du 21 juillet 1856, soit par application de l'article 471 du code pénal.

Les condamnations, ainsi encourues, ne préjudicient en rien de la responsabilité civile que les contrevenants peuvent encourir, aux termes des articles 1382 et suivants du code civil (1).

---

(1) Art. 1382. — Tout fait quelconque de l'homme qui cause à autrui un dommage, oblige celui par la faute duquel il est arrivé à le réparer.

Art. 1383. — Chacun est responsable du dommage qu'il a causé, non seulement par son fait, mais encore par sa négligence ou par son imprudence.

Art. 1384.—On est responsable, non seulement du dommage que l'on cause par son propre fait, mais encore de celui qui est causé par le fait des personnes dont on doit répondre ou des choses que l'on a sous sa garde . . . . ; Les maîtres et les commettants, du dommage causé par leurs domestiques et préposés dans les fonctions auxquelles ils les ont employés ; . . . . . .

CHAPITRE VIII.

CONSEILS AUX INDUSTRIELS.

1° SOINS GÉNÉRAUX A DONNER AUX APPAREILS A VAPEUR.

81. **Observations générales.** — Les industriels ne doivent confier la conduite des générateurs de vapeur qu'à des chauffeurs ayant une bonne conduite, sobres, attentifs et expérimentés ; leur emploi exigeant une surveillance soutenue et constante.

Ils doivent de plus s'entourer de toutes les garanties possibles, lorsqu'ils chargent, pour les premières fois, un chauffeur de la conduite de leurs appareils ; le surveiller constamment et lui indiquer, s'il l'oublie, les soins qu'il doit apporter à l'entretien des générateurs et de leurs appareils de sûreté, s'ils veulent éviter, ou tout au moins conjurer, les accidents nombreux qui arrivent fréquemment.

Ces précautions sont d'autant plus nécessaires qu'ils sont civilement responsables des accidents qui se produisent, et des condamnations pécuniaires que pourrait encourir leur chauffeur (1).

82. **Conduite des foyers.** — La conduite du

(1) Voir l'annotation page 50.

foyer des générateurs est un fait important, tant au point de vue de l'économie du combustible, que de la conservation des chaudières.

Le feu doit toujours avoir une intensité à peu près égale, afin d'éviter les variations trop brusques de température, qui entraînent, pour le métal, des dilatations inégales, produisant des déchirures, ou des fuites, et souvent des brûlures à la tôle, dites coups de feu.

Les recommandations sur ce point sont nombreuses ; j'appelle tout particulièrement l'attention des industriels sur les suivantes :

Conduite régulière du feu ;

Charge des foyers en commençant par la partie extrême, c'est-à-dire près de l'autel ;

Entretien régulier, par une épaisseur uniforme, du combustible sur la grille.

Charge partielle des foyers, afin d'éviter, le plus possible, le refroidissement qu'elles occasionnent.

Nivellement de la couche de combustible lorsqu'elle est irrégulière, en ayant soin de remplir les espaces vides qui s'y trouvent ;

Bris des gros morceaux de charbon ;

Epaisseur uniforme minimum de 8 à 10 centimètres de charbon avant les charges;

Nettoyage fréquent du cendrier, dont les scories chaudes surchauffent et brûlent les grilles.

Alimentation avec des eaux pures ;

Nettoyage fréquent des chaudières, afin d'éviter les dépôts incrustants qui adhèrent inévitablement aux parois.

83. **Choix du combustible.** — Le combustible, généralement utilisé, est le charbon de terre.

Le charbon employé ne doit être ni trop maigre, ni trop gras. Trop maigre, il brûle difficilement et la combustion se fait mal ; trop gras, il se boursouffle et forme, sur la grille, une couche épaisse qu'il faut continuellement remuer pour entretenir l'activité du feu.

Le charbon le plus propre aux foyers des générateurs est celui désigné, dans les bassins houillers, sous le nom de charbon industriel : il contient de 20 à 30 p. % de matières volatiles.

Il convient aussi de ne jamais se servir de charbon sulfureux, parce que, dans la combustion, le soufre brûlé s'unit à la vapeur d'eau pour former de l'acide sulfurique, qui attaque vivement les tôles des chaudières et les met bientôt hors de service.

84. **Alimentation.** — L'alimentation est un fait capital. J'ai dit (41) que la pompe alimentaire devait toujours pouvoir être réglée de manière que le chauffeur puisse, sans erreur possible, remplacer continuellement et exactement l'eau vaporisée.

L'eau, qui sert à alimenter, doit être aussi pure que possible : on doit surtout éviter l'emploi des eaux séléniteuses qui donnent lieu à des dépôts calcaires. Ces dépôts empêchent le contact direct de l'eau avec la chaudière et la transmission rapide de la chaleur du foyer à l'eau qu'elles renferment.

Si les eaux pures ont cet inconvénient, il est incontestable qu'on ne doit jamais se servir d'eaux contenant des substances acides ou salines qui attaquent le métal, à moins, toutefois, qu'il ait été possible de neutraliser l'effet de ces corrosifs par une préparation chimique.

J'invite donc les industriels, dans leur intérêt, à se faire renseigner sur la qualité des eaux qu'ils emploient : un chimiste leur indiquera le moyen de les purifier.

Les industriels doivent encore avoir soin de ne pas faire déboucher le tuyau qui amène les eaux, près des parois léchées par le feu. L'eau froide, en se trouvant en contact immédiat avec la tôle surchauffée, donnerait un dégagement considérable de vapeur qui causerait des explosions.

2° ENTRETIEN DES APPAREILS DE SURETÉ.

85. **Timbres** — Les timbres doivent toujours être d'une grande propreté pour qu'on puisse facilement en lire le numéro et les différentes dates concernant les jour, mois et année de l'épreuve.

86. **Manomètres.** — Les manomètres employés sont surtout les manomètres métalliques. Leur vérification doit avoir lieu aussi souvent que possible à l'ai-

de d'un manomètre étalon que l'on applique sur l'ajutage réglementaire. (40).

Le tuyau qui conduit la vapeur au manomètre doit toujours être adapté sur le corps même de la chaudière, et non sur les conduits de vapeur. Cette dernière disposition donnerait une indication fausse de la pression de la vapeur dans les chaudières.

87. **Indicateurs de hauteur d'eau.** — L'eau des chaudières doit être maintenue constamment au-dessus de la ligne indiquant le niveau minimum du liquide. Le chauffeur doit donc constamment examiner les variations des indicateurs de hauteur d'eau, afin de régler convenablement l'appareil alimentaire.

L'indicateur réglementaire de hauteur d'eau, le tube en verre, doit toujours être propre et muni, à la partie inférieure, d'un robinet qui permette l'évacuation des dépôts qui s'y forment. En ouvrant ce robinet, le chauffeur empêche l'encrassement du tube, défaut que l'on reproche souvent à cet appareil de première utilité.

Le remplacement du tube en verre doit être fait avec attention. On doit surtout s'assurer que les douilles recevant le tube sont bien dans un même plan vertical, sans cela le moindre serrement briserait le verre. Si cette verticalité ne pouvait être rigoureusement obtenue, il y aurait lieu de corriger ce défaut à l'aide de rondelles en caoutchouc convenablement disposées.

On doit encore éviter pour le nettoyage des tubes

d'introduire, à l'intérieur, des corps durs pouvant couper les parois tels que, fils de fer, etc.; parceque, à peine remis en place, le tube se casserait inévitablement.

Les autres indicateurs, qui sont au choix de l'industriel, doivent être également l'objet de soins incessants. Le chauffeur doit veiller continuellement à ce que rien ne soit dérangé dans leur mécanisme. Dans le cas d'un mauvais fonctionnement, il doit immédiatement réparer l'avarie survenue, ou, s'il ne le peut, demander au chef de l'usine de faire exécuter cette réparation par un ouvrier spécial.

88. **Soupapes.** — Les soupapes de sûreté doivent être chargées soit directement soit indirectement (28) à l'aide d'un poids unique. Elles doivent être bien ajustées, afin de permettre à l'excès de vapeur de sortir librement, et, qu'ensuite, elles puissent se refermer facilement. Le plus souvent, lorsqu'elles ne retombent pas immédiatement, il suffit d'appuyer un peu avec la main pour les remettre en place. Si cette légère pression ne suffisait pas, c'est qu'elles ne porteraient pas bien sur leur siége. Il y aurait lieu de les faire réparer.

Lorsque les soupapes fonctionnent bien, et que la production de vapeur est trop forte, il doit s'échapper, sur leur pourtour, un filet mince et uniforme de vapeur.

3° ENTRETIEN DES CHAUDIÈRES.

89. **Nettoyage.** — Le nettoyage intérieur des chaudières doit avoir lieu souvent. j'ai dit précédemment (84) que l'eau contenait des sels qui, par suite de la vaporisation, se déposaient en formant des incrustations calcaires ; celles-ci doivent faire l'objet d'un examen spécial pour leur enlèvement. Un ouvrier soigneux et expérimenté doit être employé à ce travail : il doit éviter d'employer des instruments qui pourraient détériorer la tôle, tels que les marteaux pointus, qui enlèvent des lamelles de tôle et l'amincissent sans profit ; les marteaux, dits masses, à base ronde, légèrement convexe, doivent seuls être utilisés.

Dès qu'un générateur est complètement nettoyé, l'industriel doit s'assurer qu'aucun corps solide, tel que marteau, éponge, etc, n'est resté à l'intérieur ; ensuite il doit faire procéder à l'examen des pièces constitutives des chaudières, ainsi qu'il est dit au numéro suivant.

90. **Examen des pièces constitutives d'un générateur.** — L'examen des pièces constitutives d'un générateur résulte d'une prescription formelle du décret (76). Toute négligence à cet égard aurait des suites très-regrettables pour l'industriel, surtout en cas d'accident.

Lorsqu'un générateur a été soigneusement nettoyé,

(89) l'industriel doit, non seulement se rendre compte du fonctionnement régulier des appareils de sûreté, mais il doit encore vérifier les parties internes, telles que tirants, cornières, tubes, etc., et s'assurer par un minutieux examen que toutes ces pièces sont en bon état, et peuvent continuer de fonctionner.

Indépendamment de ces pièces intérieures, l'industriel doit encore apporter toute son attention :

Aux parties, dites coups de feu, en contact direct avec les flammes, et s'assurer que le métal n'est pas brûlé, ou qu'il n'a aucune trace de boursoufflement indiquant un point faible.

Aux congés, ou point de contact des parties (cuissards) reliant entre eux les cylindres principaux composant les générateurs, tubes, etc. Ces parties, qui doivent présenter une adhérence complète, sont à examiner minutieusement, notamment au point de vue des déchirures, qui peuvent se produire par suite de la tension de la vapeur ou des dilatations inégales du métal.

Il doit aussi vérifier s'il n'y a pas traces d'oxydation formées pendant un repos plus ou moins prolongé de la chaudière ; cette oxydation se propageant très-vite à la feuille de tôle entière la perce en certains points, tandis que son épaisseur n'est, pour ainsi dire, pas diminuée en d'autres endroits.

En un mot, et j'insiste sur ce point, un industriel ne doit remettre une chaudière en activité, sans être sûr que toutes les pièces constitutives, sont dans un état de conservation aussi parfait que possible.

91. **Utilité des associations des propriétaires d'appareils à vapeur.** — C'est surtout à l'égard de ces visites, tant intérieures qu'extérieures, que l'utilité des associations de propriétaires d'appareils à vapeur se fait le plus sentir.

Ces associations possèdent des ingénieurs d'une grande expérience qui, en visitant périodiquement les chaudières, indiquent aux membres des associations les réparations qu'il y a lieu d'exécuter.

J'appelle tout particulièrement l'attention des industriels sur ces associations. Je pense que leur cotisation, comme membres, est largement compensée par les conseils de leurs ingénieurs, et les soins qu'ils apportent au bon entretien et à la parfaite conservation de leurs générateurs.

92. **Assurances contre les accidents.** — Malheureusement et malgré tous les soins qu'on apporte au bon fonctionnement des générateurs, il se produit encore des accidents.

Je viens d'appeler (91) l'attention des industriels sur l'utilité des associations des propriétaires d'appareils à vapeur, il me paraît également utile de leur signaler les compagnies d'assurances contre les accidents.

Ces sociétés, en se substituant au lieu et place des patrons, assument toutes les responsabilités pécuniaires qu'un accident met à leur charge. Il y a donc un réel intérêt, pour les industriels, a se rendre compte des avantages que leur procurent ces assurances.

Je dois faire observer, toutefois, que ces assurances ne les couvrent qu'autant que les accidents ne proviennent pas de fautes graves commises par eux, telles qu'un délit ou une contravention (1), à moins que leur police d'assurance n'en ait décidé autrement.

(1) Jugement du tribunal civil de Lyon, rendu en 1878, qui a décidé que l'industriel était déchu du bénéfice de l'assurance qu'il avait contractée à raison de la contravention commise par lui et consistant en l'emploi d'un jeune ouvrier, âgé de moins de 16 ans, contrairement à la loi sur le travail des enfants dans les manufactures. Par suite, la responsabilité pécuniaire, résultant de l'accident arrivé à ce jeune ouvrier, est restée à la charge de l'industriel

ANNEXES.

ANNEXE N° 1.

DÉCRET réglementaire du 30 Avril 1880.

Le Président de la République Française,

Sur le rapport du Ministre des Travaux publics,

Vu le décret du 25 janvier 1865, relatif aux chaudières à vapeur autres que celles qui sont placées sur des bateaux ;

Vu les avis de la Commission centrale des machines à vapeur ;

Le Conseil d'État entendu,

Décrète :

Article 1er.

Sont soumis aux formalités et aux mesures prescrites par le présent réglement : 1° les générateurs de vapeur, autres que ceux qui sont placés à bord des bateaux ; 2° les récipients définis ci-après (titre V).

TITRE PREMIER.

Mesures de sûreté relatives aux chaudières placées à demeure.

Article 2.

Aucune chaudière neuve ne peut être mise en service qu'après avoir subi l'épreuve réglementaire ci-après définie. Cette épreuve doit être faite chez le constructeur et sur sa demande.

Toute chaudière venant de l'étranger est éprouvée, avant sa mise en service, sur le point du territoire français désigné par le destinataire dans sa demande.

ARTICLE 3.

Le renouvellement de l'épreuve peut être exigé de celui qui fait usage d'une chaudière :

1° Lorsque la chaudière, ayant déjà servi, est l'objet d'une nouvelle installation ;

2° Lorsqu'elle a subi une réparation notable ;

3° Lorsqu'elle est remise en service après un chômage prolongé.

A cet effet, l'intéressé devra informer l'ingénieur des mines de ces diverses circonstances. En particulier, si l'épreuve exige la démolition du massif du fourneau ou l'enlèvement de l'enveloppe de la chaudière et un chômage plus ou moins prolongé, cette épreuve pourra ne point être exigée, lorsque des renseignements authentiques sur l'époque et les résultats de la dernière visite, intérieure et extérieure, constitueront une présomption suffisante en faveur du bon état de la chaudière. Pourront être notamment considérés comme renseignements probants les certificats délivrés aux membres des associations de propriétaires d'appareils à vapeur par celles de ces associations que le Ministre aura désignées.

Le renouvellement de l'épreuve est exigible également lorsque, à raison des conditions dans lesquelles une chaudière fonctionne, il y a lieu, par l'ingénieur des mines, d'en suspecter la solidité.

Dans tous les cas, lorsque celui qui fait usage d'une chaudière contestera la nécessité d'une nouvelle épreuve, il sera, après une instruction où celui-ci sera entendu, statué par le Préfet.

En aucun cas, l'intervalle entre deux épreuves consécutives n'est supérieur à dix années. Avant l'expiration de ce délai, celui qui fait usage d'une chaudière à vapeur doit lui-même demander le renouvellement de l'épreuve.

Article 4.

L'épreuve consiste à soumettre la chaudière à une pression hydraulique supérieure à la pression effective qui ne doit point être dépassée dans le service. Cette pression d'épreuve sera maintenue pendant le temps nécessaire à l'examen de la chaudière, dont toutes les parties doivent pouvoir être visitées.

La surcharge d'épreuve par centimètre carré est égale à la pression effective, sans jamais être inférieure à un demi-kilogramme ni supérieure à 6 kilogrammes.

L'épreuve est faite sous la direction de l'ingénieur des mines et en sa présence, ou, en cas d'empêchement, en présence du garde-mines opérant d'après ses instructions.

Elle n'est pas exigée pour l'ensemble d'une chaudière dont les diverses parties, éprouvées séparément, ne doivent être réunies que par des tuyaux placés, sur tout leur parcours, en dehors du foyer et des conduits de flamme, et dont les joints peuvent être facilement démontés.

Le chef de l'établissement où se fait l'épreuve fournit la main-d'œuvre et les appareils nécessaires à l'opération.

Article 5

Après qu'une chaudière ou partie de chaudière a été éprouvée avec succès, il y est apposé un timbre, indiquant, en kilogrammes par centimètre carré, la pression effective que la vapeur ne doit pas dépasser.

Les timbres sont poinçonnés et reçoivent trois nombres indiquant le jour, le mois et l'année de l'épreuve.

Un de ces timbres est placé de manière à être toujours apparent après la mise en place de la chaudière.

Article 6.

Chaque chaudière est munie de deux soupapes de sûreté, chargées de manière à laisser la vapeur s'écouler dès que sa pression effective atteint la limite maximum indiquée par le timbre réglementaire.

L'orifice de chacune des soupapes doit suffire à maintenir, celle-ci étant au besoin convenablement déchargée ou soulevée et quelle que soit l'activité du feu, la vapeur dans la chaudière à un degré de pression qui n'excède, pour aucun cas, la limite ci-dessus.

Le constructeur est libre de répartir, s'il le préfère, la section totale d'écoulement nécessaire des deux soupapes réglementaires entre un plus grand nombre de soupapes.

Article 7.

Toute chaudière est munie d'un manomètre en bon état placé en vue du chauffeur et gradué de manière à indiquer en kilogrammes la pression effective de la vapeur dans la chaudière.

Une marque très-apparente indique sur l'échelle du manomètre la limite que la pression effective ne doit point dépasser.

La chaudière est munie d'un ajutage terminé par une bride de quatre centimètres ($0^m,04$) de diamètre et cinq millimètres

(0m,005) d'épaisseur disposée pour recevoir le manomètre vérificateur.

ARTICLE 8.

Chaque chaudière est munie d'un appareil de retenue, soupape ou clapet, fonctionnant automatiquement et placé au point d'intersection du tuyau d'alimentation qui lui est propre.

ARTICLE 9.

Chaque chaudière est munie d'une soupape ou d'un robinet d'arrêt de vapeur, placé, autant que possible, à l'origine du tuyau de conduite de vapeur, sur la chaudière même.

ARTICLE 10.

Toute paroi en contact par une de ses faces avec la flamme doit être baignée par l'eau sur sa face opposée.

Le niveau de l'eau doit être maintenu, dans chaque chaudière, à une hauteur de marche telle qu'il soit, en toute circonstance, à six centimètres (0m06) au moins au-dessus du plan pour lequel la condition précédente cesserait d'être remplie. La position limite sera indiquée, d'une manière très-apparente, au voisinage du tube de niveau mentionné à l'article suivant.

Les prescriptions énoncées au présent article ne s'appliquent point :

1° Aux surchauffeurs de vapeur distincts de la chaudière ;

2° A des surfaces relativement peu étendues et placées de manière à ne jamais rougir, même lorsque le feu est poussé à son maximum d'activité, telles que les tubes ou parties de cheminée qui traversent le réservoir de vapeur, en envoyant directement à la cheminée principale les produits de la combustion.

ARTICLE 11.

Chaque chaudière est munie de deux appareils indicateurs du niveau de l'eau, indépendants l'un de l'autre, et placés en vue de l'ouvrier chargé de l'alimentation.

L'un de ces deux indicateurs est un tube en verre, disposé de manière à pouvoir être facilement nettoyé et remplacé au besoin.

Pour les chaudières verticales de grande hauteur, le tube en verre est remplacé par un appareil disposé de manière à reporter en vue de l'ouvrier chargé de l'alimentation l'indication du niveau de l'eau dans la chaudière.

TITRE II.

Établissement des chaudières à vapeur placées à demeure.

ARTICLE 12.

Toute chaudière à vapeur destinée à être employée à demeure ne peut être mise en service qu'après une déclaration adressée par celui qui fait usage du générateur au préfet du département. Cette déclaration est enregistrée à sa date. Il en est donné acte. Elle est communiquée sans délai à l'ingénieur en chef des mines.

ARTICLE 13.

La déclaration fait connaître avec précision :

1° Le nom et le domicile du vendeur de la chaudière ou l'origine de celle-ci ;

2° La commune et le lieu où elle est établie ;

3° La forme, la capacité et la surface de chauffe ;

4° Le numéro du timbre réglementaire ;

5° Un numéro distinctif de la chaudière, si l'établissement en possède plusieurs ;

6° Enfin, le genre d'industrie et l'usage auquel elle est destinée.

Article 14.

Les chaudières sont divisées en trois catégories.

Cette classification est basée sur le produit de la multiplication du nombre exprimant en mètres cubes la capacité totale de la chaudière (avec ses bouilleurs et ses réchauffeurs alimentaires, mais sans y comprendre les surchauffeurs de vapeur) par le nombre exprimant, en degrés centigrades, l'excès de la température de l'eau correspondant à la pression indiquée par le timbre réglementaire sur la température de 100 degrés, conformément à la table annexée au présent décret.

Si plusieurs chaudières doivent fonctionner ensemble dans un même emplacement et si elles ont entre elles une communication quelconque, directe ou indirecte, on prend, pour former le produit comme il vient d'être dit, la somme des capacités de ces chaudières.

Les chaudières sont de la première catégorie quand le produit est plus grand que 200 ; de la deuxième, quand le produit n'excède pas 200, mais surpasse 50 ; de la troisième, si le produit n'excède pas 50.

Article 15

Les chaudières comprises dans la première catégorie doivent être établies en dehors de toute maison d'habitation et de tout atelier surmonté d'étages. N'est pas considérée comme un étage au-dessus de l'emplacement d'une chaudière, une construction dans laquelle ne se fait aucun travail nécessitant la présence d'un personnel à poste fixe.

ARTICLE 16.

Il est interdit de placer une chaudière de première catégorie à moins de trois mètres (3^m) d'une maison d'habitation.

Lorsqu'une chaudière de première catégorie est placée à moins de dix mètres (10^m) d'une maison d'habitation, elle en est séparée par un mur de défense.

Ce mur, en bonne et solide maçonnerie, est construit de manière à défiler la maison par rapport à tout point de la chaudière distant de moins de dix mètres (10^m), sans toutefois que sa hauteur dépasse de un mètre (1^m) la partie la plus élevée de la chaudière. Son épaisseur est égale au tiers au moins de sa hauteur, sans que cette épaisseur puisse être inférieure à un mètre (1^m) en couronne. Il est séparé du mur de la maison voisine par un intervalle libre de trente centimètres ($0^m,30$) de largeur au moins.

L'établissement d'une chaudière de première catégorie à la distance de dix mètres (10^m) ou plus d'une maison d'habitation n'est assujetti à aucune condition particulière.

Les distances de trois mètres (3^m), et de dix mètres (10^m), fixées ci-dessus, sont réduites respectivement à un mètre cinquante centimètres ($1^m,50$) et à cinq mètres (5^m), lorsque la chaudière est enterrée de façon que la partie supérieure de ladite chaudière se trouve à un mètre (1^m) en contre-bas du sol, du côté de la maison voisine.

ARTICLE 17.

Les chaudières comprises dans la deuxième catégorie peuvent être placées dans l'intérieur de tout atelier, pourvu que l'atelier ne fasse pas partie d'une maison d'habitation.

Les foyers sont séparés des murs des maisons voisines par un intervalle libre de un mètre (1^m) au moins.

ARTICLE 18.

Les chaudières de troisième catégorie peuvent être établies dans un atelier quelconque, même lorsqu'il fait partie d'une maison d'habitation.

Les foyers sont séparés des murs des maisons voisines par un intervalle libre de cinquante centimètres (0^m,50) au moins.

ARTICLE 19.

Les conditions d'emplacement prescrites, pour les chaudières à demeure, par les précédents articles, ne sont pas applicables aux chaudières pour l'établissement desquelles il aura été satisfait au décret du 25 janvier 1865, antérieurement à la promulgation du présent réglement

ARTICLE 20.

Si, postérieurement à l'établissement d'une chaudière, un terrain contigu vient à être affecté à la construction d'une maison d'habitation, celui qui fait usage de la chaudière devra se conformer aux mesures prescrites par les articles 16, 17 et 18, comme si la maison eût été construite avant l'établissement de la chaudière.

Article 21.

Indépendamment des mesures générales de sûreté prescrites au titre Ier et de la déclaration prévue par les articles 12 et 13, les chaudières à vapeur fonctionnant dans l'intérieur des mines sont soumises aux conditions que pourra prescrire le préfet, suivant les cas et sur le rapport de l'ingénieur des mines.

TITRE III.

Chaudières locomobiles.

Article 22.

Sont considérées comme locomobiles les chaudières à vapeur qui peuvent être transportées facilement d'un lieu dans un autre, n'exigent aucune construction pour fonctionner sur un point donné et ne sont employées que d'une manière temporaire à chaque station.

Article 23.

Les dispositions des articles 2 à 11 inclusivement du présent décret sont applicables aux chaudières locomobiles.

Article 24.

Chaque chaudière porte une plaque sur laquelle sont gravés, en caractères très-apparents, le nom et le domicile du propriétaire et un numéro d'ordre, si ce propriétaire possède plusieurs chaudières locomobiles.

ARTICLE 25.

Elle est l'objet de la déclaration prescrite par les articles 12 et 13. Cette déclaration est adressée au préfet du département où est le domicile du propriétaire.

L'ouvrier chargé de la conduite devra représenter à toute réquisition le récépissé de cette déclaration.

TITRE IV.

Chaudières des machines locomotives.

ARTICLE 26.

Les machines à vapeur locomotives sont celles qui, sur terre, travaillent en même temps qu'elles se déplacent par leur propre force, telles que les machines des chemins de fer et des tramways, les machines routières, les rouleaux compresseurs, etc.

ARTICLE 27.

Les dispositions des articles 2 à 8 inclusivement et celles des articles 11 et 24 sont applicables aux chaudières des machines locomotives.

ARTICLE 28.

Les dispositions de l'article 25, § 1er, s'appliquent également à ces chaudières.

ARTICLE 29.

La circulation des machines locomotives a lieu dans les conditions déterminées par des réglements spéciaux.

TITRE V.

Récipients.

ARTICLE 30.

Sont soumis aux dispositions suivantes, les récipients de formes diverses, d'une capacité de plus de 100 litres, au moyen desquels les matières à élaborer sont chauffées, non directement à feu nu, mais par de la vapeur empruntée à un générateur distinct, lorsque leur communication avec l'atmosphère n'est point établie par des moyens excluant toute pression effective nettement appréciable.

ARTICLE 31.

Ces récipients sont assujettis à la déclaration prescrite par les articles 12 et 13.

Ils sont soumis à l'épreuve, conformément aux articles 2, 3, 4 et 5.

Toutefois, la surcharge d'épreuve sera, dans tous les cas, égale à la moitié de la pression maximum à laquelle l'appareil doit fonctionner, sans que cette surcharge puisse excéder 4 kilogrammes par centimètre carré.

ARTICLE 32.

Ces récipients sont munis d'une soupape de sûreté réglée pour la pression indiquée par le timbre, à moins que cette pression ne soit égale ou supérieure à celle fixée pour la chaudière alimentaire.

L'orifice de cette soupape, convenablement déchargée ou soulevée au besoin, doit suffire à maintenir, pour tous les cas, la vapeur dans le récipient à un degré de pression qui n'excède pas la limite du timbre.

Elle peut être placée, soit sur le récipient lui-même, soit sur le tuyau d'arrivée de la vapeur, entre le robinet et le récipient.

ARTICLE 33.

Les dispositions des articles 30, 31 et 32 s'appliquent également aux réservoirs dans lesquels de l'eau à haute température est emmagasinée, pour fournir ensuite un dégagement de vapeur ou de chaleur, quel qu'en soit l'usage.

ARTICLE 34.

Un délai de six mois, à partir de la promulgation du présent décret est accordé pour l'exécution des quatre articles qui précèdent.

TITRE VI.

Dispositions Générales

ARTICLE. 35.

Le Ministre peut, sur le rapport des ingénieurs des mines, l'avis du préfet et celui de la Commission centrale des machines à vapeur, accorder dispense de tout ou partie des prescriptions du présent décret, dans tous les cas où, à raison soit de la forme, soit de la faible dimension des appareils, soit de la position spéciale des pièces contenant de la vapeur, il serait reconnu que la dispense ne peut pas avoir d'inconvénient.

Article 36.

Ceux qui font usage de générateurs ou de récipients de vapeur veilleront à ce que ces appareils soient entretenus constamment en bon état de service.

A cet effet, ils tiendront la main à ce que des visites complètes, tant à l'intérieur qu'à l'extérieur, soient faites, à des intervalles rapprochés, pour constater l'état des appareils et assurer l'exécution, en temps utile, des réparations ou remplacements nécessaires.

Ils devront informer les ingénieurs des réparations notables faites aux chaudières et aux récipients, en vue de l'exécution des articles 3 (1°, 2° et 3°) et 31, § 2.

Article 37.

Les contraventions au présent règlement sont constatées, poursuivies et réprimées conformément aux lois.

Article 38.

En cas d'accident ayant occasionné la mort ou des blessures, le chef de l'établissement doit prévenir immédiatement l'autorité chargée de la police locale et l'ingénieur des mines chargé de la surveillance. L'ingénieur se rend sur les lieux, dans le plus bref délai, pour visiter les appareils, en constater l'état et rechercher les causes de l'accident. Il rédige sur le tout :

1° Un rapport qu'il adresse au procureur de la République et dont une expédition est transmise à l'ingénieur en chef, qui fait parvenir son avis à ce magistrat ;

2° Un rapport qui est adressé au préfet, par l'intermédiaire et avec l'avis de l'ingénieur en chef.

En cas d'accident n'ayant occasionné ni mort ni blessure, l'ingénieur des mines seul est prévenu ; il rédige un rapport qu'il envoie, par l'intermédiaire et avec l'avis de l'ingénieur en chef, au préfet.

En cas d'explosion, les constructions ne doivent point être réparées, et les fragments de l'appareil rompu ne doivent point être déplacés ou dénaturés avant la constatation de l'état des lieux par l'ingénieur.

Article 39.

Par exception, le Ministre pourra confier la surveillance des appareils à vapeur aux ingénieurs ordinaires et aux conducteurs des ponts-et-chaussées, sous les ordres de l'ingénieur en chef des mines de la circonscription.

Article 40.

Les appareils à vapeur qui dépendent des services spéciaux de l'État sont surveillés par les fonctionnaires et agents de ces services.

Article 41.

Les attributions conférées aux préfets des départements par le présent décret sont exercées par le préfet de police dans toute l'étendue de son ressort.

ARTICLE 42.

Est rapporté le décret du 25 janvier 1865.

ARTICLE 43.

Le Ministre des travaux publics est chargé de l'exécution du présent décret, qui sera inséré au *Bulletin des lois*.

Fait à Paris, le 30 avril 1880.

JULES GRÉVY.

Par le Président de la République.

Le Ministre des Travaux publics,

H. VARROY.

TABLE

donnant la température (en degrés centigrades) de l'eau correspondant à une pression donnée (en kilogrammes effectifs).

VALEURS CORRESPONDANTES			
de la pression effective EN KILOGRAMMES.	de la température EN DEGRÉS CENTIGRADES.	de la pression effective EN KILOGRAMMES.	de la température EN DEGRÉS CENTIGRADES.
0.5	111	10.5	185
1.0	120	11.0	187
1.5	127	11.5	189
2.0	133	12.0	191
2.5	138	12.5	193
3.0	143	13.0	194
3.5	147	13.5	196
4.0	151	14.0	197
4.5	155	14.5	199
5.0	158	15.0	200
5.5	161	15.5	202
6.0	164	16.0	203
6.5	167	16.5	205
7.0	170	17.0	206
7.5	173	17.5	208
8.0	175	18.0	209
8.5	177	18.5	210
9.0	179	19.0	211
9.5	181	19.5	213
10.0	183	20.0	214

ANNEXE N° 2.

LOI du 21 Juillet 1856 sur les Contraventions relatives aux Machines à Vapeur (Extrait).

TITRE PREMIER.

Des contraventions relatives à la vente des appareils à vapeur.

ARTICLE PREMIER.

Est puni d'une amende de 100 à 1,000 francs, tout fabricant qui a livré une chaudière fermée, ou toute autre pièce destinée à produire de la vapeur, sans qu'elle ait été soumise aux épreuves exigées par les réglements d'administration publique.

Est puni de la même peine le fabricant qui, après avoir fait dans ses ateliers des changements ou des réparations notables à une chaudière ou à toute autre pièce destinée à produire de la vapeur, l'a rendue au propriétaire sans qu'elle ait été de nouveau soumise aux dites épreuves.

ARTICLE 2.

Est puni d'une amende de 25 à 200 francs tout fabricant qui a livré un cylindre, une enveloppe de cylindre ou une pièce quelconque destinée à contenir de la vapeur, sans que cette pièce ait été soumise aux épreuves prescrites par lesdits réglements.

TITRE II.

Des contraventions relatives à l'usage des appareils à vapeur établis ailleurs que sur les bateaux.

ARTICLE 3.

Est puni d'une amende de 25 à 500 francs, quiconque a fait usage d'une machine ou chaudière à vapeur sur laquelle ne seraient pas appliqués les timbres constatant qu'elle a été soumise aux épreuves et vérifications prescrites par les réglements d'administration publique.

Est puni de la même peine quiconque, après avoir fait faire à une chaudière ou partie de chaudière des changements ou réparations notables, a fait usage de la chaudière modifiée ou réparée sans en avoir donné avis au Préfet, ou sans qu'elle ait été soumise de nouveau, dans le cas ou le Préfet l'aurait ordonné, à la pression d'épreuve correspondante au numéro du timbre dont elle est frappée.

ARTICLE 4.

Est puni d'une amende de 25 à 500 francs, quiconque a fait usage d'un appareil à vapeur sans être muni de l'autorisation exigée par les réglements d'administration publique.

L'amende est de 100 à 1,000 francs, si l'appareil à vapeur dont il a été fait usage sans autorisation n'est pas revêtu des timbres mentionnés en l'article précédent.

Néanmoins, l'amende n'est point encourue si, dans le délai de deux mois pour les appareils à placer dans l'intérieur des établissements et de trois mois pour les appareils placés au dehors, il n'a pas été statué par l'administration sur l'autorisation demandée.

ARTICLE 5.

Celui qui continue à se servir d'un appareil à vapeur pour lequel l'autorisation a été retirée ou suspendue en vertu des réglements d'administration publique, est puni d'une amende de 100 à 2,000 francs et peut être condamné, en outre, à un emprisonnement de trois jours à un mois.

ARTICLE 6.

Quiconque fait usage d'un appareil à vapeur autorisé sans s'être conformé aux prescriptions qui lui ont été imposées en vertu desdits réglements, en ce qui concerne les appareils de sûreté dont les chaudières doivent être pourvues et l'emplacement de ces chaudières, ou qui continue à en faire usage alors que les appareils de sûreté et les dispositions de local ont cessé de satisfaire à ces prescriptions, est puni d'une amende de 25 à 200 francs.

ARTICLE 7.

Le chauffeur ou mécanicien qui a fait fonctionner une machine ou chaudière à une pression supérieure au degré déterminé dans l'acte d'autorisation, ou qui a surchargé les soupapes d'une chaudière, faussé ou paralysé les autres appareils de sûreté, est puni d'une amende de 25 à 500 francs, et peut être, en outre, condamné à un emprisonnement de trois jours à un mois.

Le propriétaire, le chef de l'entreprise, le directeur, le gérant ou le préposé par les ordres duquel a eu lieu la contravention prévue au présent article, est puni d'une amende de 100 à 2000 fr. et peut être condamné à un emprisonnement de 6 jours à 2 mois.

TITRE III.

. . . .

TITRE IV.

Dispositions générales.

Article 19.

En cas de récidive, l'amende et la durée de l'emprisonnement peuvent être élevées au double du maximum porté dans les articles précédents.

Il y a récidive lorsque le contrevenant a subi, dans les douze mois qui précèdent, une condamnation en vertu de la présente loi.

Article 20.

Si les contraventions prévues dans les titres II et III de la présente loi ont occasionné des blessures, la peine sera de huit jours à six mois d'emprisonnement et l'amende de 50 à 1000 francs ; si elles ont occasionné la mort d'une ou plusieurs personnes, l'emprisonnement sera de six mois à cinq ans et l'amende de 300 à 3000 francs.

Article 21.

Les contraventions prévues par la présente loi sont constatées par les Ingénieurs des mines, les Ingénieurs des ponts-et-chaussées, les gardes-mines, les conducteurs et autres employés des ponts-et-chaussées et des mines commissionnés à cet effet, les maires et adjoints, les commissaires de police, ...

ARTICLE 22.

Les procès-verbaux dressés en exécution de l'article précédent sont visés pour timbres et enregistrés en débet.

Ceux qui ont été dressés par les agents de surveillance et gardes assermentés doivent, à peine de nullité, être affirmés dans les trois jours devant le juge de paix ou le Maire, soit du lieu de délit, soit de la résidence de l'agent.

Lesdits procès-verbaux font foi jusqu'à preuve contraire.

. . . .

ARTICLE 23.

L'article 463 (1) du code pénal est applicable aux condamnations prononcées en exécution de la présente loi.

(1) ART. 463. — Les peines prononcées par la loi contre celui ou ceux des accusés reconnus coupables, en faveur de qui le jury aura déclaré les circonstances atténuantes, seront modifiées ainsi qu'il suit :

. . . .

Dans tous les cas ou la peine de l'emprisonnement et celle de l'amende sont prononcées par le Code pénal, si les circonstances paraissent atténuantes, les tribunaux correctionnels sont autorisés, même en cas de récidive, à réduire ces deux peines comme suit : — Si la peine prononcée par la loi, soit à raison de la nature du délit, soit à raison de l'état de récidive du prévenu, est un emprisonnement dont le minimum ne soit pas inférieur à un an ou à une amende dont le minimum ne soit pas inférieur à cinq cents francs, les tribunaux pourront réduire l'emprisonnement jusqu'à six jours et l'amende, jusqu'à seize francs. — Dans tous les autres cas, ils pourront réduire l'emprisonnement même au-dessous de six jours et l'amende même au-dessous de seize francs. Ils pourront aussi prononcer séparément l'une ou l'autre de ces peines, et même substituer l'amende à l'emprisonnement, sans qu'en aucun cas elle puisse être au-dessous des peines de simple police.

ANNEXE N° 3.

DÉCRETS appliquant aux Colonies, avec quelques modifications, la Législation Métropolitaine des Machines à Vapeur.

Paris, le 17 juin 1880.

MONSIEUR LE PRÉSIDENT,

L'établissement et la surveillance des appareils à vapeur étaien réglementés en France par le décret de 1865 et les pénalités applicables aux infractions à ce décret étaient déterminées par la loi du 21 juillet 1856. Ces deux actes avaient été promulgués, avec quelques modifications, à la Guadeloupe, par deux décrets en conseil d'État du 6 juin 1878.

Des mesures analogues étaient en préparation pour celles de nos colonies qui sont soumises au régime des décrets sous forme de réglement d'administration publique, lorsque la législation métropolitaine fut modifiée par le décret du 30 avril 1880, l'acte de 1856 conservant force de loi en ce qui a trait aux pénalités tout en supportant quelques modifications ou adjonctions. J'ai pensé qu'il convenait de promulguer, dans nos colonies, la nouvelle réglementation et vous avez bien voulu partager mon opinion à cet égard.

Vous avez, en conséquence, saisi le conseil d'État de trois projets de décret appliquant :

Le premier avec quelques réserves nécessitées par l'organisation spéciale des colonies, le décret du 30 avril 1880 aux colonies de la Martinique, de la Guadeloupe et de la Réunion.

Le second étendant à la Guadeloupe les modifications apportées par ledit décret aux prescriptions de la loi de 1856;

Et enfin, le troisième appliquant à la Martinique et à la Réunion les dispositions primitives de la loi de 1856 avec les amendements ultérieurs dont elles ont été l'objet.

Le conseil d'État ayant donné un avis favorable à ces promulgations, j'ai l'honneur de vous prier, Monsieur le Président, de vouloir bien revêtir de votre signature les trois projets de décret ci-joints qui ont pour but d'appliquer aux trois colonies en question le régime de la France sur la surveillance des appareils à vapeur.

Je vous prie d'agréer, etc.

Le Ministre de la Marine et des Colonies,

JAURÉGUIBERRY.

Le Président de la République française,

Sur le rapport du ministre de la marine et des colonies, a décrété le 17 juin 1880.

ARTICLE 1er.

Les diverses prescriptions de la loi du 21 juillet 1856, relatives aux chaudières à vapeur sont étendues à la Guadeloupe, aux récipients de vapeur définis par l'article 30 du décret du 30 avril 1880.

ARTICLE 2.

Les attributions conférées aux préfets par l'article 16 de ladite loi seront remplies par le gouverneur de la colonie.

ARTICLE 3.

Le ministre de la marine et des colonies est chargé de l'exécution du présent décret, qui sera inséré au *Bulletin des lois*, au *Bulletin officiel de la marine* et au journal officiel de la Guadeloupe.

Le Président de la République française,

Sur le rapport du ministre de la marine et des colonies, a décrété le 17 juin 1880 :

ARTICLE 1er.

Est rendu applicable aux colonies de la Martinique, de la Guadeloupe et de la Réunion, sous les réserves exprimées ci-après, le décret du 30 avril 1880, relatif aux appareils à vapeur autres que ceux qui sont placés à bord des bateaux.

ARTICLE 2.

Le dernier paragraphe de l'article 2 est modifié ainsi qu'il suit :

« Toute chaudière introduite dans la colonie est éprouvée avant sa mise en service, au lieu désigné par le destinataire dans sa demande. »

ARTICLE 3.

L'article 35 est modifié ainsi qu'il suit :

« Le ministre de la marine peut, sur le rapport des ingénieurs chargés de la surveillance, l'avis du gouverneur et celui du conseil des travaux de la marine, accorder dispense de tout ou partie des prescriptions du présent décret, dans tous les cas où, à raison, soit de la forme, soit de la faible dimension des appareils, soit de la position spéciale des pièces contenant de la vapeur, il serait reconnu que la dispense ne peut avoir d'inconvénient. »

Le Président de la République française,

Sur le rapport du ministre de la marine et des colonies, a décrété le 17 juin 1880 :

ARTICLE 1er.

A l'exception des articles 2 et 5, la loi du 24 juillet 1856 concernant les contraventions aux réglements sur les appareils et bateaux à vapeur, est rendue applicable aux colonies de la Martinique et de la Réunion, sous les réserves exprimées ci-après :

ARTICLE 2.

L'article 4 est modifié ainsi qu'il suit :

« Est puni d'une amende de 25 à 500 francs quiconque a

fait usage d'un appareil à vapeur sans avoir fait au directeur de l'intérieur la déclaration prescrite par les réglements. »

« L'amende est de 100 à 1,000 francs si l'appareil dont il a été fait usage n'est pas revêtu des timbres mentionnés en l'article précédent. »

ARTICLE 3.

Les diverses prescriptions de la loi relatives aux chaudières à vapeur sont étendues aux récipients de vapeur définis par l'article 30 du décret du 30 avril 1880.

ARTICLE 4.

Les attributions conférées aux préfets par l'article 16 de ladite loi seront remplies par le gouverneur.

ARTICLE 5.

Le paragraphe suivant est ajouté à l'article 21 :

« Indépendamment des fonctionnaires désignés ci-dessus, les ingénieurs chargés de la surveillance, les conducteurs et les autres employés sous leurs ordres, commissionnés à cet effet par le gouverneur, auront qualité pour constater les contraventions prévues par la présente loi. »

ANNEXE N° 4.

MODÈLE (1) *de déclaration de Générateurs établis à demeure.*

A Monsieur le Préfet du département

d

MONSIEUR LE PRÉFET,

J'ai l'honneur de vous informer que je fais installer dans mon établissement situé (indiquer la commune, la rue).

Ce qui m'a été vendu par M (indiquer le nom, le domicile du vendeur, constructeur ou industriel et l'origine du générateur, soit des ateliers de construction de M. A, ou de l'usine de M. B), est de forme (cylindrique, horizontale ou verticale, avec ou sans tubes intérieurs, avec ou sans bouilleurs, leur nombre, avec ou sans dôme) ; sa capacité est de (en mètres cubes) et sa surface de chauffe de (en mètres carrés).

Il est timbré à (indiquer le n° du timbre) et est destiné (indiquer le genre d'industrie ou l'usage auxquels il est destiné). Il porte le n°

La présente déclaration, dont je vous prie de me donner acte, est faite en conformité du décret du 30 avril 1880.

Je suis, etc.

Signature.

(1) En double expédition.

ANNEXE N° 5.

MODÈLE (1) *de demande de permis de circulation de locomotive.*

A Monsieur le Préfet du département

d

MONSIEUR LE PRÉFET,

J'ai l'honneur de solliciter l'autorisation de faire circuler (nombre) locomotive sur le chemin de fer d
traversant (territoires, arrondissements ou départements)

Ci-dessous les renseignements exigés par les décret et ordonnance réglementaires.

Noms des machines . . . .
Numéros . . . .
Nom et résidence du fabricant . . .

(1) En double expédition.

Nº de fabrication . . . .
Année de. id. . . . .
Capacité des chaudières . . . . .
Surface de chauffe . . . .
Timbre . . . .
Diamètre des cylindres . . . . .
Course des pistons. . . . .
Diamètre des roues motrices . . .
Service de la machine. . . . . .
Poids de la . . id. . . . . . .
Elle possède en outre....manomètre gradué jusqu'à . . kilos ;
Deux soupapes à (ressort, ou charge indirecte);
Un tube indicateur du niveau de l'eau en verre ;
(nombre) robinets de jauge étagés ;
id. injecteur (genre) pour l'alimentation ;
Un sifflet.

La présente demande est faite en exécution des articles 26 et suivants du décret du 30 avril 1880 et de l'article 7 de l'ordonnance du 15 novembre 1846.

Je suis, etc.

Signature.

ANNEXE N° 6.

MODÈLE de donné acte de déclaration.

PRÉFECTURE D

e Division.

—

Service des Mines.

—

APPAREILS A VAPEUR

Le PRÉFET du département d

Vu la *déclaration* en date du , par laquelle
le Sieur
demeurant à
annonce l'établissement d dans
sise com
l dit destiné à
et comportant les données ci-après :

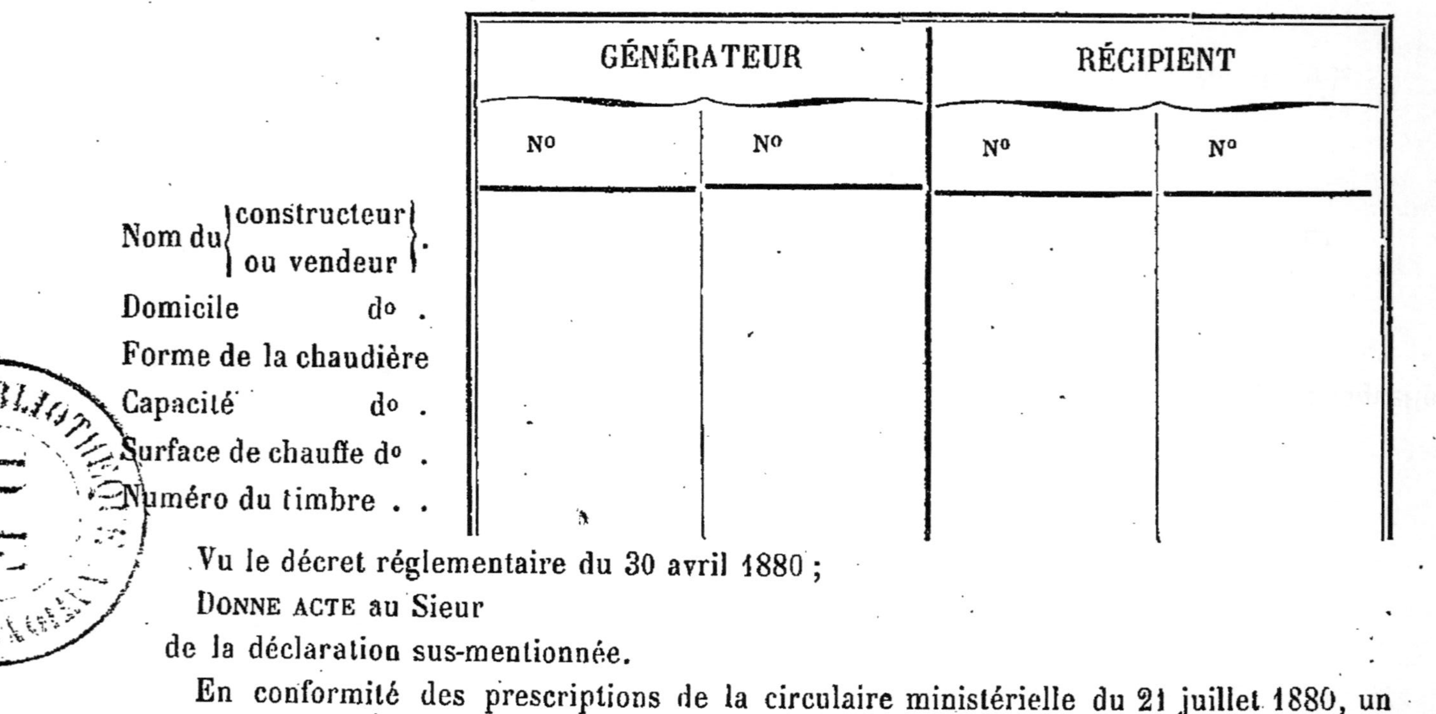

	GÉNÉRATEUR		RÉCIPIENT	
	N°	N°	N°	N°
Nom du constructeur ou vendeur .				
Domicile d° .				
Forme de la chaudière				
Capacité d° .				
Surface de chauffe d° .				
Numéro du timbre . .				

Vu le décret réglementaire du 30 avril 1880 ;

DONNE ACTE au Sieur

de la déclaration sus-mentionnée.

En conformité des prescriptions de la circulaire ministérielle du 21 juillet 1880, un exemplaire du décret du 30 avril 1880 est joint au présent acte de déclaration.

Le *18* .

LE PRÉFET,

TABLE DES MATIÈRES.

CHAPITRE I.

Fabrication et usage des appareils à vapeur.

1° CONSTRUCTEURS — MARCHANDS DE MÉTAUX.

2° MÉCANICIENS OU COMMISSIONNAIRES.

3° INDUSTRIELS.

CHAPITRE IV.

Etablissement des chaudières.

CHAPITRE V.

Chaudières des machines locomobiles ou locomotives.

CHAPITRE VI.

Récipients de vapeur. — Réservoirs d'eau.

CHAPITRE VII.

Dispositions générales.

CHAPITRE VIII.

Conseils aux industriels.

1° SOINS GÉNÉRAUX A DONNER AUX APPAREILS A VAPEUR.

2° ENTRETIEN DES APPAREILS DE SURETÉ.

3° ENTRETIEN DES CHAUDIÈRES.

ANNEXES

Arras, Imp. et Lith. E. BRADIER, rue Saint-Maurice, 76.

www.ingramcontent.com/pod-product-compliance
Ingram Content Group UK Ltd.
Pitfield, Milton Keynes, MK11 3LW, UK
UKHW020157200726
13856UKWH00003B/1042

9 782013 411592